JN059301

世論調査の真実

鈴木督久

日経プレミアシリーズ

プロローグ　世論調査は誰が答えているのか

その電話は、突然かかってくる

「そういえば、内閣支持率が低下しているそうだよ。世論調査の結果だって」

あるところで弟が姉に話しかけました。すると姉は、

「あれは世論じゃなくて、マスコミの意見よ。一般の人には聞いてない。だって私はこれまで一度も聞かれたことがないから」

「世論調査って、みんなに調査した結果じゃないの？」

「ノーノー。子どもが『みんなゲーム機を持っているから買って』と言うけど、『みんな』じゃない。都合よく解釈しているだけ。世論調査はそれと同じなのよ」

「でも有権者の60％が不支持って報道されてたから、有権者に質問したら60％の人が不支持の回答をしたんじゃないの？」

「まさか！　1億人に調査できないでしょ。ほんの一部の人に聞いているのよ。それもヒマで親切な友だちに頼んでるに決まっているじゃない」

「ええっ、そんな恣意的に調査してるんだ。学校で学んだ調査法の話と違うなあ」

マスコミの報道する世論調査には多くの人が触れた経験があると思います。ところが世論調査の実際はあまり知られていません。私も会話の中のお姉さんのような発言を聞いたことがあり驚きました。世論調査の真実を理解してほしい。そう思いながら本書を書きました。

まずは、世論調査を実施している電話調査の会場を覗いてみましょう。菅義偉内閣が発足した2020年9月16日夕。電話オペレーターがパソコンの前で、調査対象者の電話番号に発信しています。

――もしもし、日経リサーチの鈴木と申します。いまお話ししても大丈夫ですか。お車を運転中ではありませんか。

「いきなり何ですか。間違い電話じゃないですか？」

――ただいま日経新聞とテレビ東京の世論調査を、18歳以上の有権者の方にお願いしており

ます。５分程度の短い時間で終わりますので、ぜひご協力をお願いいたします。

「そんなものに興味ないし。ほかの詳しい人に頼んでください」

——簡単なものです。興味のない方にも貴重なご意見を伺いたいので、ぜひお願いします。

（渋々、了解。車は運転中ではないことを確認）

——あなたは菅内閣を支持しますか、しませんか。

「さっき（首相に）なったばかりで、まだ何もわからないでしょ。もうちょっと経ってからなら、いろいろやってもらいたいこともあるし、いまは何ともわかりません」

——では、お気持ちに近いのはどちらでしょうか。

「まあ、どっちというか……とにかく、やってもらわないとねえ。そういうことだなあ。いちおう支持ってことでいいけど……」

世論調査の対象者は、このように突然の電話を受けるのです。私たちも誰が調査対象者になるのか知りません。いつも違う人が回答者なのです。

そしてお姉さんが「一度もマスコミから調査されたことはない」と言うのも理解できます。では、日本人は一生に何回くらい、マスコミ世論調査の対象者に選ばれるのでしょうか。

全国紙4社、通信社2社、テレビ局5社の合計11社が、全国世論調査を毎月定例で実施するとしましょう。各社とも2500人が調査対象で有権者は1億人で固定とします。実際は月例調査のほかにも緊急世論調査や郵送世論調査が実施されているし、桁違いに大規模な選挙調査も実施されていますが、定例世論調査に限定します。有権者数も毎月変化していますが、目安を得るのが目的なので単純化します。

毎月11社の2500人調査が年間で132回。「一生のうちに」を仮に成人以降の60年間とすると7920回の世論調査が実施されます。のべで1980万人が調査対象ですが、有権者1億人のうち2割に満たない人数です。

そこで、実際に7920回（60年間）の2500人調査を実施するつもりで、調査対象者になる人を選びました。2500人の抽出を7920回実行しました。実際の世論調査でも同じ原理で調査対象者を無作為に確率抽出しています。

その結果、調査対象者として選ばれたのは1796万人強で、1980万人ではありません。2回選ばれた人が160万人以上います。非常に小さい確率ですが、最大で6回も調査対象になった人が7人いました。

おおよそ、このような感覚です。生涯のうち1回は調査対象者として、あなたにも新聞社・テレビ局から電話がかかってきそうな気がしますか。それともすでにどこかの世論調査の対象者として回答したことがあるでしょうか。

100人の若者調査、どんなバイアスがあるのか

ところで、マスコミが報道する調査は世論調査だけではありません。この違いも専門家でなければ、わからないかもしれません。たとえばこういう報道をテレビでやっていました。――新型コロナウイルスの感染拡大で、政府は2021年1月に2度目の緊急事態宣言を発出しました。感染者の多数が若者であることも悩ましい課題でした。そこでNHKの番組「首都圏情報ネタドリ！」は東京の若者100人の意識と行動を、渋谷や池袋などの繁華街4カ所で聞き取り調査法により実施。「この1カ月の会食」が平均6・3回などの集計結果を示し、感染症の専門家が解釈を述べました――。

しかし、調査の専門家であれば、同じ調査に対して異なる説明をします。「東京の若者を代表しているかのような印象を視聴者に与えるが、この調査には統計科学的な根拠がない。バイアスがあるので、この調査結果を東京の若者全体に一般化して解釈できない。なぜならば……」

こう指摘するでしょう。このＮＨＫ調査は世論調査ではないのです。しかし、「違う」と説明されても一般の人々には区別が難しいでしょう。この調査を単に批判する意図はありません。結果の利活用法と解釈の仕方に注意が必要なのです。

ちなみに、調査専門家の「上から目線」で恐縮ですが、この調査にはどのようなバイアスがあるのか、わかりますか？

〈本書の表記について〉

1．新聞社・通信社・放送局の総称として「マスコミ」と表記する。厳密な定義はせずマスメディア（紙・電波・ＷＥＢ）を持つ報道機関という程の意味で使う。略称の「日経」は媒体名あるいは企業名として使い、必要に応じて区別する。同様に「朝日」「毎日」「読売」「産経」「共同」「時事」「同盟」「ＮＨＫ」等の略称で示す。

2．日経世論調査の支持率（百分率）は、２００１年4月以降は小数点以下を四捨五入して整数で公表しているが、それ以前は小数点以下第1位まで集計していた。本書ではすべて整数に四捨五入した数値を使うが、紙面では小数点以下を切り捨てる決まりがあるので、２０００年以前の紙面を見ると本書より1ポイント低い場合がある。また、本書に掲載されている図表につき、データの出所がないものは、日経の世論調査をベースにしている。

目次

第2章

誰が選挙を予測しているのか

日本へやってきた専門家たち
猛勉強によるマスコミ世論調査の確立

第5章 調査をめぐる伝説と誤解、そして真実 ……………

第 1 章

時代を動かした
世論調査

かつては内閣支持より政党支持が重視されていた

マスコミの世論調査は戦後民主主義と同時に再出発しました。現在は各社が毎月実施していますが、もともと世論調査は頻繁ではありませんでした。各社で試行錯誤をしながら実施体制を確立していきます。

政治的には、自由民主党が与党、日本社会党が野党第一党として長く続いた「55年体制」の枠組みが確立するまでの期間に相当します。当時は世論調査の結果で政権を評価する度合いも少なく、落ち着いて調査していたともいえます。

世論調査にとって最も重要な質問は内閣支持です。各社ともこの質問を最初に置いています。次に政党支持、それから政策支持が続きます。しかし、戦後しばらくは政党支持が最重要の質問でした。時事通信の世論調査は現在でも政党支持が最初の質問事項となっており、一貫しています。政策に関しては憲法問題が重要です。問題が広く深いため世論調査で扱うには難しいテーマですが、憲法については各社とも断続的に質問しています。

毎月定例で継続的に全国世論調査を実施する体制を最初に確立したマスコミは時事で、1960年からです。時事は調査方法を変更することなく「調査員による訪問面接調査」を今も適用しています。

続いて読売が１９７８年から訪問面接調査を月次で定例化し、２００８年には調査方法を電話調査に変更しました。時事が約60年間、読売は約30年間にわたり、調査員による訪問調査を毎月実施した（している）のは、運営体制だけ考えても大変なことです。日経が電話世論調査を月次で定例化したのは２００５年からでした。

「実証的」な分析に使えるのが世論調査

では、世論調査には、どのような意味と役割があるのでしょうか。まずは次の文章を読んでみてください。

――戦後日本人の意識は10年程度の単位で変化したように思える。１９６０年には安保闘争があった。主権回復から約10年、日本人の政治意識はここで大きく変わった。

１９７０年は戦後世代が成人し、大学紛争から連合赤軍事件を経過して政治風景も変調。徐々に社会意識が変わり始めた。もちろん集団的な意識は独立に変化するわけではなく、経済実態が基礎にある。

１９７８年頃からは、歩きながら音楽を聴く現象と漫才ブームが出現。重々しい権威や堅苦しいメインカルチャーが相対化され、情報は分散ネットワーク化。職場のリスクはフィジカルな事故よりメンタルな関係性に移る。

1980年以降は単一の集団意識から個々に多様化していった。その後もインターネットや人工知能など、意識に影響する変化は続いている——。

いかがでしょうか。以上は「抽象的記述」です。思弁的な概念分析に過ぎません。これに対し、世論調査は意識測定法としては表面的だという限界はあるものの、長期継続的であり実証的分析に使えます。

実際の投票行動や実態的な統計調査と照合することで、政治意識に限らず、生産社会から消費社会への変化、さらに情報化社会・知識化社会における有権者の意識と行動を、計量的に分析して社会構造を把握する役割を担うわけです。

なぜ内閣支持率が「台頭」したのか

政党支持率よりも内閣支持率が重要になったきっかけは、竹下登内閣（1987年発足）とその退陣（89年）でした。

1980年代は、自民党の支持率が上昇基調にあり、日本経済も好調。そのうえで強固な派閥の支えがあった竹下内閣は、永田町にも霞が関に対しても隙のない、盤石の政権だとみられていました。

竹下内閣の発足後の支持率は37％であり、低いと思えるでしょうが、戦後から当時までの内閣支持率としては普通です。吉田茂内閣から中曽根康弘内閣までの朝日・読売・時事の世論調査をみると、田中角栄内閣を例外として、30％前後が通常水準でした。

ところが消費税導入に対して社会党の土井たか子委員長が激しく抵抗し、世論も消費税反対で盛り上がります。そこに首相も関与したリクルート事件が重なり、社会党は竹下首相を激しく追及。政治不信が深刻化します。

そんなときです。89年3月12日の「内閣支持率13％に」という日経の一面はインパクトのあるニュースとして注目されました。13％という極端に低い支持率は60年安保の岸信介内閣、金脈問題で田中角栄内閣が退陣した際の水準に匹敵します。竹下首相が退陣の意向を固めたのは、この日経朝刊を見た朝だと伝えられています（退陣表明は4月25日）。日経に続いて他社の調査結果でも支持率低下が加速し、空前のひとケタにまで落ちます。

盤石といわれた竹下内閣は、世論によって退陣を迫られました。世論調査が現実政治に与える影響は無視できないとの認識がここから定着します。永田町の論理ではなく、世論調査

図表1-1　竹下内閣の支持率急落を最初に伝えた日経紙面

政治不信さらに広がる

内閣支持率13％に

政治改革「期待できぬ」8割

本社世論調査

解散論5割超す

消費税は反対6割

竹下内閣支持率の推移

（出所）日本経済新聞朝刊1面　1989年3月12日

の結果によって内閣が倒れる政治力学が生まれます。昭和が終わり、平成の時代が始まります。それを日経の世論調査が見せつけました。

結局、7月の参院選は宇野宗佑首相で戦って敗北。自民党は過半数に届かず、与野党逆転を許します。宇野首相は週刊誌報道による女性スキャンダルも選挙の争点にされ、自民支持率は6月に33％まで低下。社会党は8月に最高の31％まで上昇し、逆転しそうな勢いでした。

選挙後、自民党は党内基盤が

弱いものの、清潔イメージを期待できる海部俊樹首相を選びます。狙いは成功しました。自民支持率はようやく回復し、首相に求められる「機能」として何が必要かを示唆することになりました。

政党支持率は6割が上限

1987年（竹下内閣）以降、一貫して存在している政党は、自民党と共産党の2党だけです。多くは離合集散で短命に終わりました。一度でも10％以上の支持率を得たことのある政党は8党。過半の議席数を獲得して政権に就いた政党は自民党と民主党のみですが、民主党はすでに存在しません。日経の世論調査で60％以上の支持を得た政党はありません。最高の政党支持率は自民党ではなく、政権交代直後の民主党が記録した58％（2009年9月）です。

自民党は80年代に入ると支持を拡大させます。自民支持は竹下内閣で一時的に落ち込みますが拡大基調は変わらず、海部内閣で最高の56％（91年10月）を達成しました。各社の世論調査でも戦後最高の自民支持率は海部内閣で記録しています。バブル景気と同時期であり、日経平均株価は89年末に4万円に迫る史上最高値を記録しました。自民党が再び支持率56％

図表1-2　1987年以降の政党支持率の推移
（支持率30%以上を得た政党）

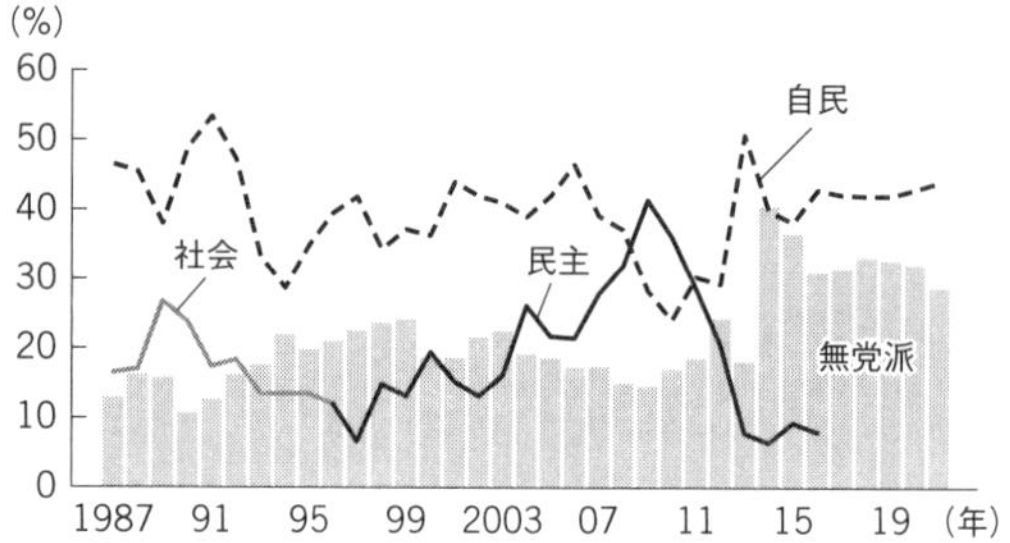

（出所）著者作成

を記録するのは安倍晋三内閣の２０１３年４月。22年後です。

自民党の最低支持率は下野で記録します。まず非自民８党派による細川護熙内閣（93年８月）で27％と３割を切りました。さらに民主党政権（09～12年）の時代は20％台に低迷。09年11月の19％が最低記録です。しかし20％が岩盤のように強固な下限であるともいえます。自民党だけが一貫して20％～60％の範囲を維持してきました。

民主党政権は３年で終わりますが、その末期（野田佳彦内閣）になると無党派が30％を超過します。この時期は自民＋民主＋無党派の合計が80％。12年12月に自民党（安倍晋三内閣）が政権復帰すると無党派はさらに増加。最高で47％と自民を上回り、半数に迫りました。いまや自民党に対抗できる勢力は無党派だけです。以上の長期的な推移の様子は図表1－2のグラフを観察するとわかります。

無党派の性質を知ることが課題――謎の一大勢力

最大の対抗勢力の「無党派」とは何か、という理解は重要なのですが、本格的な定量分析は世論調査データだけでは不十分です。ある程度の曖昧さを前提として述べると、自民と非自民（反自民）の両側から心情的な強弱で分布しており、カテゴライズできる固定的な立場がありません。年代の構成比も時代とともに変化します。

無党派層の内部がさらに「層化」されているので、自民・無党派の二大政党とみなすことができないのです。にもかかわらず、この人々は投票には行くので選挙予測や選挙戦略を考えるうえで、無視できない存在です。

マスコミ世論調査は意見分布がどのようになっているかを報道していますが、無党派層のように調査票で準備していない選択肢の回答が増える事態は、分析をするうえでは好ましくありません。支持政党の質問では、政党名が返答されることを期待して調査票を設計していますが、実際の有権者は、政党名ではなく多種多様な反応を返してくるのです。ちなみに支持政党の質問では、オペレーターは「自民党ですか？」とか「立憲民主党ですか？」などと具体的な政党名を述べません。つまり調査対象者は参照情報なしで回答を求められます。「政党なんか支持してないよ」「安倍さんの党がいいな」「支持している政党なんてあなたに教えられませんし、いいたくありません」「わしは今でも民社党じゃ」「政党とか政治のことなんかわかりません」「わたし無党派党なんです」――。

このように政党名が回答されなかった場合の処理方法が各社で決まっていて、日経の場合は2分類です。支持政党がないと表明されたら「支持政党なし（無党派）」に分類し、それ以外は「いえない・わからない」とします。これは決め事であり、変更しないで一貫して運用することが、調査結果の長期的比較をするために重要です。オペレーターは研修でこうした対処ルールを学んだうえで調査にあたります。

「いえません」という回答者は実際には支持政党があるかもしれません。存在しない政党名を回答した人は実際の政党名を誤解したのかもしれません。しかし基準を設定・厳守することが計量的な調査では重要なのです。

多数派である無党派という集団を、マスコミ世論調査のデータだけで分析することには限界があります。性別・年代・職業別には集計できますが、一貫して無党派なのか、かつては支持した政党があったのか、それはどの党か。選挙ではどの政党に投票したのか……。少なくともこのような事項について情報が欲しいところです。
これからは政党支持の分析を含めて、調査データの分析は、①調査そのものに回答しない非協力集団、②調査には協力したが当該項目に回答しない無回答（欠測値）――を明らかにする必要に迫られると思います。無党派が半分程度を占めるからというだけでなく、政権交代さえ実現するパワーが潜在するからです。

「無回答」などの非標本誤差に関する統計理論は不十分です。有権者の民意を把握する方法は、見えない対象を理解するという困難に直面しています。

特別調査あるいは学術的調査として本格的に「無党派層」の性質の解明をねらいとした調査をしてもよいかもしれません。調査に回答してくれない対象者に、時間をかけて都合のつく日時で回答を求める。特に投票する可能性のある対象者を把握する必要があります。そのような対象者は、時間の都合がつけば回答する可能性があります。たった2日間のマスコミ世論調査に、たまたま不在だっただけです。

質問方法（測定方法）にも工夫の余地があります。座談会のような質的調査も考えられますが、量的調査でもまだ十分にやっていません。日経では年に一度の郵送世論調査などでいくらかは試みています。複数の「支持する政党」を聞く、支持する政党の「順序や程度」を聞く。「程度」の測定では、第4章で登場しているリッカートの提案した段階評定尺度を使う方法などがあります。

また、過去に一度でも投票したことのある政党を聞く、またその時期を思い出してもらう、「支持したくない政党」「嫌いな政党」という逆の意見を聞いて「不支持度」を検討する……。このように多角的に接近して、真実に迫ります。

いくつかの試みの提案は、無党派層が、支持・不支持に二分されるのではなく、多様な心理がある、という想定をしています。個人の心理だけでなく、それを基礎に無党派という集団の内部構造を分析します。市場調査や顧客満足度調査の専門家は、消費者が何を好むかについての分析で技術的な経験を積んでいます。政治意識の分析にも適用できるでしょう。

政治家も自分の支持者の声は聞いていますし、反対派の声も聞こえるでしょうが、無党派には直接には触れていません。彼らが何を考えているのか、知りたいところでしょう。選挙予測において、予測を失敗させるのも無党派です。見えないものを見る、見ようとする努力が必要です。顕在化した投票行動・棄権行動の背後に、潜在化した意識を見るのは世論調査の重要な機能です。

自民支持率の77％は日経平均で説明できる

政治と経済は密接に関係しています。日経平均株価は経済の様々な背景に影響される指数です。そして政治意識は中期的には政党支持率に反映します。経済状況が良好なら日経平均が上昇し、その結果として自民党支持率も高くなる、という関係がありそうです。

この直感を数値で表現すると、1987年から2020年の34年間は、日経平均を主因とする方程式によって、自民支持率の変動の77％が説明できます。日経平均で自民支持率が決まるといっても過言ではありません。この関係は統計モデルを使って確認したものです。いきなり77％という数字だけでは納得しにくいところがありますので、少し具体的に解説します。

日経平均は日次や月次では小さな変化を反映します。中期的な構造を確認するために、日経平均は月次の終値から算出した年平均とします。自民支持率も年平均です。こうすると日経平均と自民支持率の2項目について34件（34年ぶん）のデータができあがり、これを分析しました。

日経平均から自民支持率を説明する統計モデルは回帰分析と呼ばれる手法で、要因となる項目から、結果となる項目を予測あるいは説明する目的で利用します。予測される結果は自民支持率で、その要因が日経平均です。

日経平均が上昇すると自民支持率が高まるなら、日経平均から自民支持率を予測できそうだと想像できると思います。予測された支持率を「予測値」と呼びます。では「説明」はどうでしょうか。最初に述べた「77%を説明できる」の「説明」のことですが、これは統計学的な概念です。

支持率は上昇下降とバラツキます。予測値もバラツキますが、できるだけ支持率に近くなるように予測したのですから、予測値のバラツキは支持率のバラツキに最大限に似通っています。そこで支持率のバラツキに占める予測値のバラツキの割合を定義します。この割合は支持率を予測値で説明できた程度を意味するので「説明率」ということになります。これを回帰分析では決定係数と呼びます。「77%を説明できる」と述べた77%はこの決定係数です。日経平均が自民支持率を決定するのです。

自民支持率を予測するうえでは、日経平均のほかに特殊要因として3個の変数を加えました。第一は自民党の下野。第二は民主党政権からの復帰です。自民支持の中には与党であるが故の支持者が含まれていて、下野の年は全体的な傾向とは異なる低支持率になっていま

図表1-3　1987～2020年の日経平均と自民支持率
（年間平均値）

（出所）著者作成

す。逆に政権復帰による反動的期待感が、全体傾向とは異なる高支持率を示します。非自民8党派政権（93～94年）からの復帰の際には見られなかったのですが、民主党政権から復帰した際は顕著でした。下野と復帰は経済状況（日経平均）とは異質の特殊要因としました。

「下野」の影響は89年、94年、２０１０年です。89年は下野していませんが、政治不信の頂点で大きく支持率が低下しました。ここから政治改革が叫ばれ、小選挙区比例代表並立制への選挙制度改革に向かい、非自民政権誕生への引き金となりました。民主党政権からの「復帰」が影響したのは２０１３年です。

三番目の特殊要因は２００１～２００６の６年間です。日経平均は１万円の底につくのに自民支持率が高い様子が図表1－3に示されています。この特異な期間は小泉純一郎内閣そのものです。いろいろな解釈はできますが「小泉」とでも名付けた要因を導入しなければ説明できません。

この6年間は何が特異なのでしょうか。日経平均が上下すると自民支持率も同じように上下するという連動性はそれなりに存在するのですが、絶対値の水準が独特ということです。こんなに日経平均が低いのであれば、自民支持率はもっと低いはずなのに、そうはなりません。「下野」「復帰」のような可視的な要因ではなく、まさにこの時期に首相だった小泉政治そのものの特殊性に要因を求めるしかありません。いわば「外れ値」と呼ばれる現象です。小泉内閣は単に支持率が高かっただけではなく、それ以外の指標との関係さえも、従来の傾向を壊して常識的ではなく並外れていたのです。

２００1年は米国の同時多発テロによる悪影響があり、国内では失業率が5％を超える景気後退期。日経平均は下落し「馬なり」の政権運営なら、相応の支持率に低下する予測ができます。それに反して、小泉首相は経済財政諮問会議を使って「痛み」をともなう構造改革を断行。首相の強力な求心力で党内と官僚組織の「抵抗勢力」と対立し、自民党にいながら自民党を壊すと言い放つ逆説的な政権運営を展開しました。それを有権者に見せて内閣支持率を押し上げ、自民支持率のほうは一緒につられて引き上げられた結果のようにさえ見えます。

以上の3つの特殊要因「下野」「復帰」「小泉」に対しては、該当する年には1という値を、該当しない年には0という値を与えます。自民支持率を説明するモデルの要因として、日経平均に3つの特殊要因を加え、全部で4つの要因を用意した34年間のデータを分析した結果、自民支持率の動きの77%が説明できるということです。

政党支持は大地、内閣支持は草花

政党支持は基層であり、内閣支持は表層です。世論調査データを時系列で並べて観察していると、このような印象が強く浮かび上がります。政党支持率と内閣支持率を同時にグラフ上に描くと、政党支持はあまり動かず、内閣支持は大きく変動している状態が見えます。その姿がまるで基層と表層のように見えるのです。

この印象はデータによって客観的に示すことができます。動きの大小を示す指標として、最大値から最小値を引いた幅をレンジ、つまりデータが動いた範囲と呼びます。レンジが大きければ動きが激しいということです。このレンジを使って改めて説明しますと、政党支持

図表1-4　自民支持率と内閣支持率（それぞれ年間平均値）

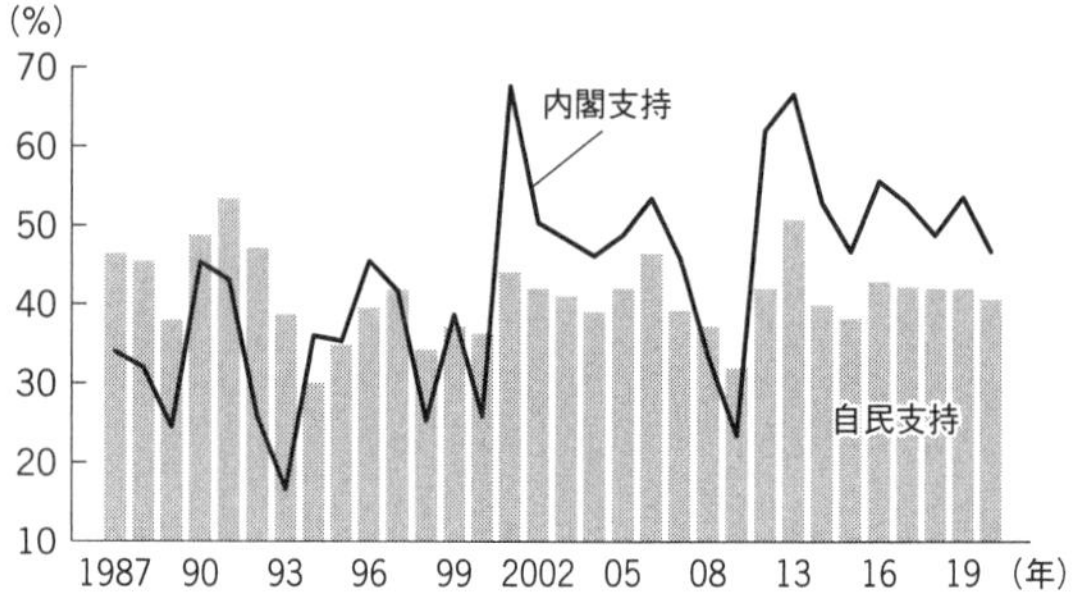

（出所）著者作成

のレンジは28ポイントですが、内閣支持は79ポイントもあるのです。最小値は6％で、最大値が85％でした。その様子は図表1－4で見えます。内閣支持率の折れ線グラフは大きく上下していますが、棒グラフの政党支持率のほうは相対的に小さな動きです。

さらにいえば、政党支持は大地です。大地が大きく動くときは地殻変動。政権交代です。一方、内閣支持は大地に咲く花や草です。季節によって違いますが、地上に咲かずに大地に埋もれている場合もあります。むかしは政党支持が内閣支持より高いか同水準で、内閣は党内基盤（大地）に密着していました。対外的イメージ向上の機能を果たした海部内閣でさえ、自民支持のほうが内閣支持より高かったのです。

小泉内閣がこの常識を壊します。政党支持率が内閣支持率を超えたことが一度もないのです。短期政権ならあるでしょうが、5年以上の長期にわたって一度も逆転されない内閣は過去になかったのです。小泉首相の強烈な個性が母体政党から離脱するパワーを発揮したとも考えられます。

安倍内閣も同様です。1ポイントだけ政党支持率が上回ったことがありますが、一貫して内閣支持が政党支持をリードしていました。これは長期政権の条件という仮説を構成できそうですが、民主党政権の3内閣も同様の傾向でした。ほとんど内閣支持が政党支持を上回っていましたが、鳩山由紀夫・菅直人の両内閣では末期になると政党支持に逆転されます。

内閣支持が政党の胎内に留まらずに、政党支持より高く跳躍する現象の背景には無党派の存在があります。無党派が、内閣支持を表明することで、その内閣の支持率が政党支持率を超えます。与党支持者が与党の内閣を支持するのは「当たり前」です。内閣支持が政党支持より低い時代もありましたが、その当時は極論として「首相は誰でもいい」という論理が成立したかもしれません。

内閣支持が政党支持を超える現象あるいは実態は別の見方をすることができます。選挙で勝つには「首相の顔」が必要な時代になったのです。トップは誰でもいいというわけにはいきません。まず表紙が大切です。しかも表紙をめくって中身がなければすぐに剝がれます。

図表1-5 「龍頭蛇尾」型の竹下内閣

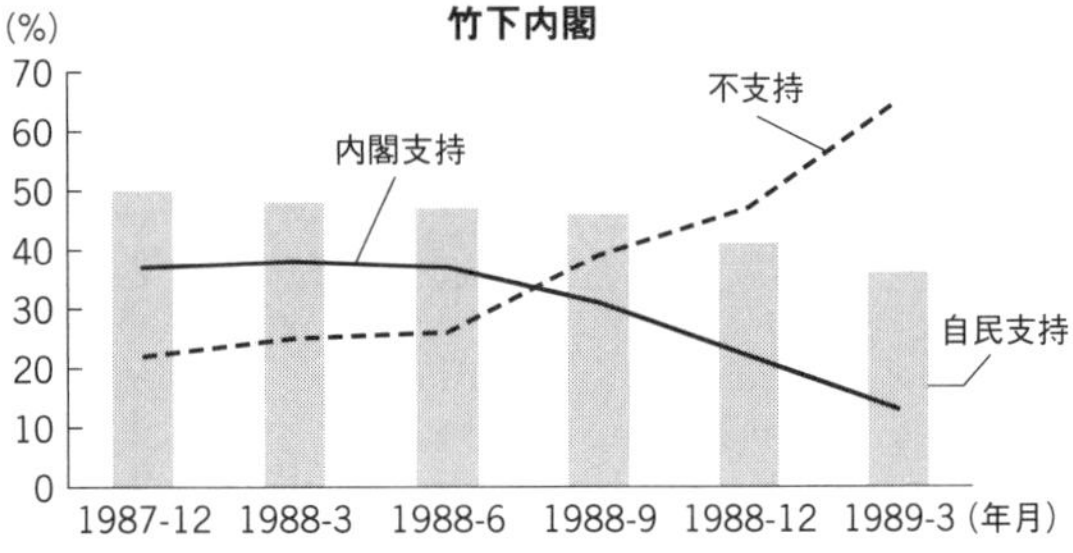

（出所）著者作成

内閣支持率の動きのパターンを分析する

竹下内閣から安倍内閣まで30年あまりの18内閣の支持率のグラフを描くとパターンが出現します。もっとも多い類型は「龍頭蛇尾《りゅうとうだび》」です。高い支持率で発足しながら低下し、やがて不支持に逆転され、そのまま盛り返せずに退陣するという型です。竹下・宮澤・森・安倍（1次）・福田・麻生の自民6内閣と、民主党政権の鳩山・菅・野田の全3内閣が該当します。特に民主党内閣、その中でも鳩山内閣が「絵に描いたような」龍頭蛇尾でした。

このうち宮澤・森の両内閣は、発足支持率が不支持と同水準なので「龍頭」なき蛇尾の「匍匐《ほふく》潜行」と呼ぶべき変型。麻生内閣もこれに近いパターンです。また、そもそも支持率の低かった竹下内閣は高い発射台

図表1-6　「匍匐潜行」型の森内閣

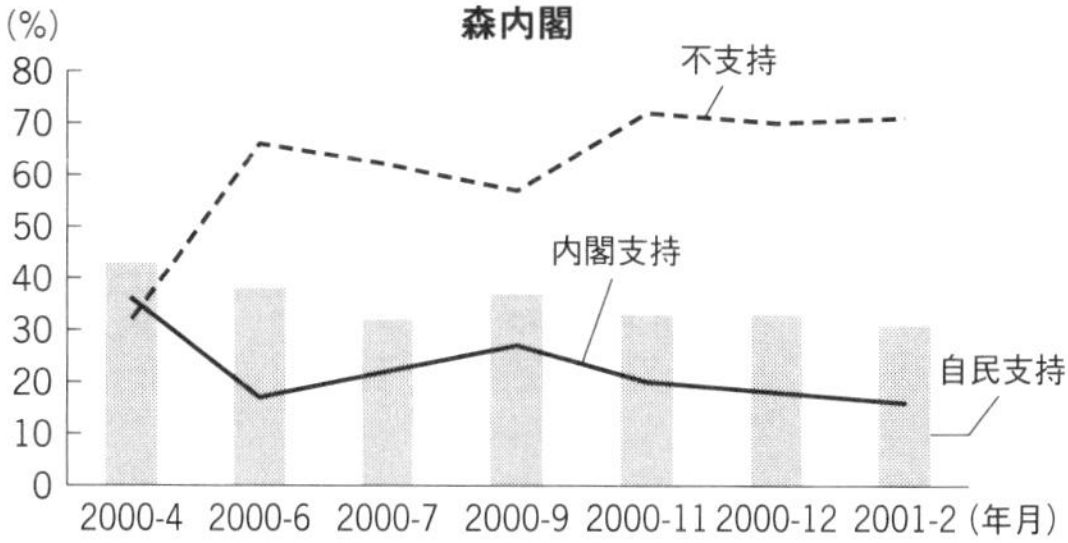

（出所）著者作成

から滑り落ちる形ではなく「匍匐潜行」型とも類似性があります。典型的な「龍頭蛇尾」は大きな期待が失われていくパターンなので、「匍匐潜行」型は最初から期待値が低い「龍頭蛇尾」の特殊型です。

細川内閣と村山内閣は分類不能

「龍頭蛇尾」の逆パターンは稀有で、海部俊樹・小渕恵三の両内閣です。発足時に支持より不支持率が高いという珍しい内閣でした。人気もなく歓迎もされずに誕生したのですが、次第に支持を集めて不支持率と逆転させます。期待されずにスタートしてから仕事ぶり（滑走）を評価される「滑走離陸」型と呼びましょう。両内閣は退陣が突然である点で共通しています。大器晩成とはいかず空中で消えます。

海部内閣は、衆院解散に走る首相に対して竹下派が不支持を表明したことで、一夜にして基盤を失い総辞職。世論に支えられていた海部内閣は、世論とは無関係に党内力学で退陣。首相の持つ解散権さえ行使できない結末でした。小渕内閣は首相が脳梗塞で倒れて突然入院し、そのまま意識が戻らず死去したことによる退陣でした。

分類できないのは細川護熙・村山富市の両内閣です。非自民政権を実現した細川内閣は1年足らずでしたが一貫して高支持率。しかし国民福祉税構想が行き詰まると、ほどなく辞意表明して総辞職しました。支持率は48％まで低下したものの平均支持率は最高の59％で、不支持が支持を上回ったことのない唯一の内閣です。類例はありません。

村山内閣も分類が困難です。発足時に不支持が上回っている点は「滑走離陸」型と同じですが、ついに離陸せずに最後まで滑走したまま。最終的には不支持が上回りますが、支持と不支持が大差なく推移します。自衛隊合憲の所信表明で社会党を終焉に導く歴史的役割を果たし、在任1年半の間に阪神・淡路大震災、オウム真理教による地下鉄サリン事件と破防法適用の模索などの歴史的大事件が発生します。

これだけの激動内閣であったにもかかわらず、支持率のレンジ12ポイントは最小で「動かざること山の如し」。村山首相の「人のよさ」には定評がありましたが、内閣支持率のパターンから述べると、仕事の結果として支持を創出（喪失）することが少なかったという結果になります。辞任表明も突然という印象を与えました。首相が社会党の党首であることが最大の特異性ですが、支持率も独特。細川・村山の両内閣は支持率パターンの観点からは類型なき孤立です。

長期政権が繰り返す波

小泉内閣と安倍内閣（第２～４次）は「長期政権」です。高い支持率からスタートし、支持率が低下して不支持と接近・逆転することがあっても持ち直して反転。これを何度か繰り返します。

小泉内閣は米同時多発テロと安全保障問題、株価低迷の中の構造改革など難問山積。人気の高かった田中真紀子外相を更迭して支持を失ったこともありましたが、ハンセン病訴訟の控訴断念、北朝鮮訪問と拉致被害者帰国など要所で支持率回復につながる派手な手を打ち出しました。

法案が参院本会議で否決され、郵政民営化を争点に衆院を解散した２００５年は「それなら国民に信を問う」と有権者に向かって明確に述べ、簡潔で迫力がありました。たったひとつの争点を明示し、解散直後の記者会見では原稿を見ることもなく、「直接、国民に問いたい」と訴えた解散でした。結果は圧勝。自民296議席、与党で327議席（3分の2確保）でした。選挙後に支持率を10ポイントも反転上昇させました。

安倍内閣も支持と不支持が波のように繰り返しましたが、基本的には経済の内閣です。日経平均の動きとリンクしています。自民支持よりも内閣支持が高いのは小泉・安倍両内閣の大きな共通点ですが、違いもあります。小泉内閣は自民支持率との相関が2番目に低い（0・69）のですが、安倍内閣は2番目に高く（0・96）、ほとんど自民党と一心同体です。安倍首相は「自民党を壊す」とは述べませんでしたが、自民党との関係の違いがデータにも表れていたことは興味深い反映です。

橋本龍太郎内閣は932日で「長期政権」と呼ぶには微妙ですが、類型としては長期政権タイプでした。1998年参院選における予想外の惨敗・退陣は痛恨だったでしょう。しかし、発言迷走と指摘されたように、小泉首相の簡明直截な訴えとは対照的。支持率を持ち直したことも、内閣支持率が自民支持率を超えたことも複数回に及び、データが示唆した証拠からも橋本人気はあったと思えます。そのうえで、やはり不足やミスが政権運営にあったのでしょう。北海道拓殖銀行の破綻、山一證券の自主廃業に象徴される金融不安など、経済状況は橋本政権を浮上させることはありませんでした。

民主主義国家のトップは、パフォーマンスと揶揄《やゆ》されようが、大芝居を本気で演じ切る必要はありそうです。芝居と言っては失礼ですが、小泉首相が意図的だったか無意識の資質だったかとは関係なく、国民に伝える機能は不可欠。役者ではなく役割です。

田中角栄首相は電話調査で密かに世論を把握していました。実は最初に電話世論調査を実用的に利用したのは田中首相でした。1970年代の政権なので電話調査はなんとか実施可能な環境でしたが、それにしても先駆的です。演説前に自分の発言が有権者にどう受けとめられるか気にして、迅速に結果の出る電話調査を実施し、話の内容を検討したのです。だみ声の演説は大雑把でアドリブのようでいて、実際は客観的データを使って細かな配慮をしながら有権者に向きあったようです。

以上の内閣支持率の数値を要約して図表1－7を作りました。宇野・羽田の両内閣は「短期政権」。発足時に実施した世論調査のみで、パターンはありません。

新型コロナウイルス感染拡大の第3波がピークに向かう前、2020年9月に発足した菅義偉内閣は高い支持率でスタートして、急落します。首都圏に緊急事態宣言（2021年1月7日）を発出するまで下落は止まらず、コロナ連動内閣の様相です。

図表1-7　内閣別の支持率要約（ゴチックは最大値）

首相	発足	在職日数	調査回数	内閣支持率					不支持率
				発足時	最終	最高	最低	平均	最高
竹下登	1987/11/06	576	6	37	13	38	13	30	65
宇野宗佑	1989/06/03	69	1	17	17	17	17	17	53
海部俊樹	1989/08/10	818	12	30	44	52	30	43	43
宮澤喜一	1991/11/05	644	9	38	6	38	**6**	24	78
細川護熙	1993/08/09	263	4	70	48	70	48	**59**	32
羽田孜	1994/04/28	64	1	42	42	42	42	42	32
村山富市	1994/06/30	561	10	30	31	42	30	36	44
橋本龍太郎	1996/01/11	932	15	54	27	54	27	41	51
小渕恵三	1998/07/30	616	10	25	41	46	17	34	57
森喜朗	2000/04/05	387	7	36	16	36	16	22	72
小泉純一郎	2001/04/26	1980	38	**80**	50	**85**	41	52	46
安倍晋三	2006/09/26	366	12	71	41	71	28	49	63
福田康夫	2007/09/26	365	13	59	29	59	21	38	68
麻生太郎	2008/09/24	358	12	53	20	53	15	28	**80**
鳩山由紀夫	2009/09/16	266	9	75	22	75	22	48	69
菅直人	2010/06/08	452	12	68	19	71	19	37	73
野田佳彦	2011/09/02	482	17	58	27	67	20	37	69
安倍晋三	2012/12/26	2822	95	62	**55**	76	38	53	53

（注）選挙情勢調査を除く。支持率は四捨五入して整数表示。最低支持率は最小値がゴチック

（出所）著者作成

図表1-8　菅内閣の支持率と新型コロナウイルス感染者数（週平均値）

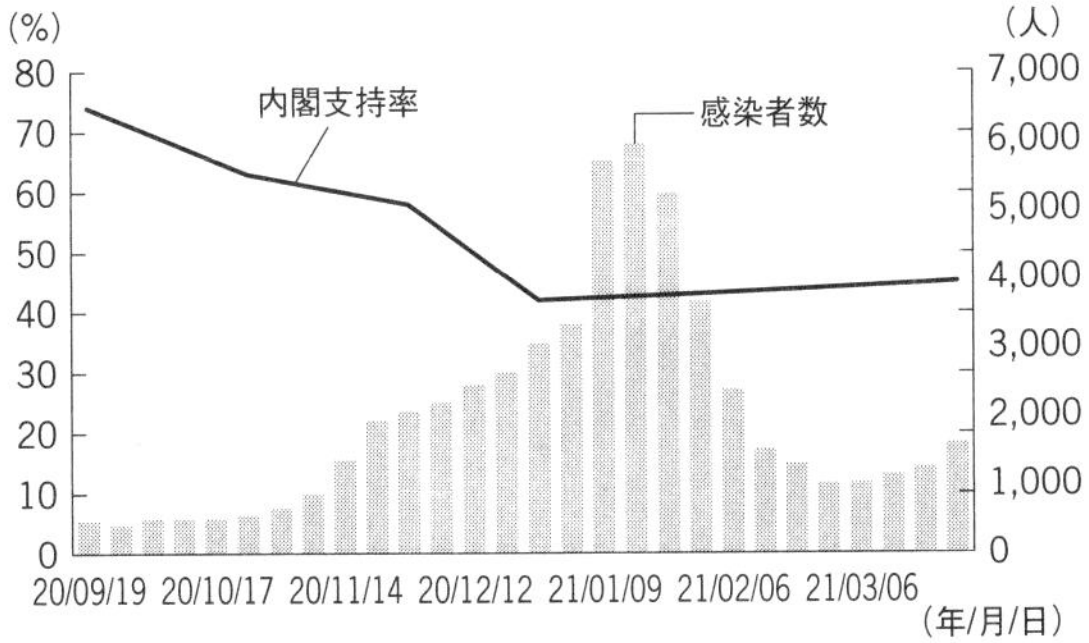

（出所）感染者数は厚生労働省の日次発表から著者が算出

　有権者の平時の関心は経済ですが、生命に直結する戦争や伝染病は有事であり最大の関心事となります。コロナ対策の評価は内閣の評価そのものとなりました。菅内閣は２０２０年12月まで、新型コロナウイルス感染者数が増えるほど、支持率が下がるという強い逆相関の関係となりました。

小泉内閣は、本当に史上最高の支持率なのか

　有権者から非常に高い人気を得た戦後最初の内閣は田中角栄内閣でした。発足後の内閣支持率（１９７２年）は朝日62％、読売61％、時事56％。それまでの支持率は歴代30～40％台程度だったので、今太閤と歓迎された人気がいかに高かったかがわかります。

この記録を細川護熙内閣（93年）が破ります。朝日71％、読売72％、時事63％と7割を超えたのです。ところが小泉純一郎内閣（２００１年）が登場してあっさり記録更新。朝日78％、読売87％、時事73％と8割を突破。今のところ小泉内閣の高支持率は空前絶後です。

しかし世論調査の回収率について考えてほしいのです。田中内閣の回収率は朝日88％、読売79％、時事85％。細川内閣は朝日78％、読売71％、時事74％。小泉内閣は朝日57％、読売62％、時事72％でした。回収率は年々低下を続け、3内閣で約10ポイントずつ減っています。なお、小泉内閣の調査方法は、朝日と読売が電話で、時事は面接です。

朝日・読売・時事の内閣支持率と回収率の平均を求めて、回収率問題を検討しましょう。計画標本サイズ（調査対象者となった人数）を１０００人と仮定して平均値を適用します。そうすると、調査に回答した人数は、平均回収率から田中（８４０人）、細川（７４０人）、小泉（６４０人）となります。「支持する」と回答した人数は同様に田中（５０４人）、細川（５１１人）、小泉（５０６人）です。紙面で公表される内閣支持率は回答者数を分母とし、内閣を「支持する」と回答した人数を分子とした割合ですから、田中（60％）、細川（69％）、小泉（79％）となります。約10ポイントずつ「史上最高」の支持率が更新されます。

しかし計画標本サイズである1000人を分母にして内閣支持率を計算したらどうでしょうか。田中（50％）、細川（51％）、小泉（51％）。いずれも同じ水準です。紙面での内閣支持率は回答者だけを分母としているので、いわば密度が高まって、小泉内閣を8割という高支持率に見せたということになります。

調査対象者の全員が回答していれば1000人を分母とするのは当然です。むかしは回収率が高かった事実もあって、影響の小さい非回答を考慮しない集計方針を採用していました。その習慣が低回収率という環境変化のもとでも踏襲されてきたのです。最近は回収率の低下が著しいので、本来はその状況を意識できる集計方法に変更することが望ましかったのです。たとえば「支持」「不支持」「いえない・わからない」に加えて「非回答」という区分も集計する方針を採用すれば、常に非回答者の存在を考慮した支持率が算出されます。そして小泉内閣は「空前絶後」ではなくなります。図表1－9は以上の議論を整理した表です。

この「非回答者は支持表明者ではない」という仮定は強い前提を置いていますが、調査に協力しない人はしばしば「興味がない」と述べます。内閣について日々考察などしていないし、積極的には支持表明しないとの仮定は現実的でしょう。これを調査における無回答誤差と呼びます。

図表1-9　計画標本を分母とした場合の3内閣の発足後支持率は同じく約5割

	計画標本（人）	回答者（人）	支持者（人）	計画標本支持率	回答者支持率
田中内閣（1972年）	1,000	840	504	50%	60%
細川内閣（1993年）	1,000	740	511	51%	69%
小泉内閣（2001年）	1,000	640	506	51%	79%

（出所）著者作成 朝日・読売・時事の調査を基礎に仮想データ作成

もしも調査対象者として抽出された人の全員が調査に協力したら（回答率１００％）、このような結果になる可能性を否定できないのです。マスコミ世論調査が回収率を重視し、「政治に興味ないから、私は答えなくてもいいでしょ」などの理由で、少しくらい断られても、電話オペレーターが重ねて調査協力をお願いするのはこのためです。回収率が示されていない調査結果の解釈に注意が必要な理由もここにあります。

調査結果の解釈において、このように回収率を強く意識するのは、明らかに調査専門家である「世論調査のメーカー」の立場を示しています。そんなことは考えずに結果を解釈する有識者ばかりですし、本来はそのように安心して解釈できる「品質の高い世論調査」を提供すべきなのです。

ユーザーからすればメーカーにクレームをつけたいところでしょう。しかし、ここはマスコミ世論調査の担当者を擁護したいのですが、回収率の低下は担当者たちが手抜きをしたとか、専門性が不足しているとか、調査技術が未熟だとかいうメーカー責任に原因が存在しているのではありません。すべての有権者に関係している問題であり、そのような認識も共有しておきたいのです。

小泉内閣は世論調査においても特異でした。小泉首相やその周辺が世論調査を意図的・戦略的に利用したかどうかはわかりませんが、少なくとも意図して高い支持率を得ることは極めて困難ですし、演出が裏目に出ることもあります。結果的に小泉内閣は高い支持率の獲得に成功しました。それは否定できないのですが、人気という点だけでは田中内閣や細川内閣と同程度であった、という冷静な視点も必要です。

マスコミの世論調査担当者たちは、結果の数値が独り歩きすることを承知しているので、正しい調査を常に心がけています。「有権者の何割がこう考えている」というように使われて問題ない調査をすることを使命だと自覚しています。しかし世論調査への協力率が低下することによる誤差は深刻です。調査担当者だけの責任で有権者の協力率が低下したとはいえません。社会的変化の結果であり、結局は有権者に跳ね返る側面もあります。

世論調査を「マスコミのフェイクニュースだ」と理由なく疑うのではなく、また「小泉首相は国民みんなが支持する人気者」だと単純に信じることもなく、科学的な批判精神で思考できる理論的根拠を持つことが重要です。

文部科学省は大学教育において、数理・データサイエンス教育を幅広く展開する政策を進め、高等学校においても統計学教育が始まりました。中学生にもプログラミング教育が全面実施されました。しかし、子どもを育成する教員・大人にこそ優れた見識が要求されます。さまざまなデータが存在している中で、そのデータの出自を認識し、結果を理解する能力は今後さらに重要になります。身近にいつも存在しているマスコミ世論調査についても、ぜひとも理解を深めてほしいと願います。

〈主要文献〉
朝日新聞社世論調査室（１９９６）.『民意50年の流れ　内閣支持率・政党支持率　１９４６－95年調査の全データ』朝日新聞社.
時事通信社（１９８１）.『戦後日本の政党と内閣―時事世論調査による分析―』時事通信社.
時事通信社（１９９２）.『日本の政党と内閣　１９８１－91―時事世論調査による分析―』時事通信社.
読売新聞社世論調査部（２００２）.『日本の世論』弘文堂.

第　2　章

誰が選挙を予測しているのか

新聞の選挙情勢の報道はどれくらい正確か

衆議院や参議院の国政選挙があると、新聞社では各党の獲得議席数を予測します。たとえば、2019年7月の安倍晋三内閣における参院選で、日経は選挙前に「改憲勢力3分の2迫る　与党、改選過半数の勢い」と予測報道し、選挙結果は「与党が改選過半数　改憲勢力は3分の2割れ」と伝えました。予測をほぼ的中させています。

「ほぼ的中」と胸を張りましたが、これは新聞の「見出し」として大勢と方向に間違いがなかったという意味です。紙面に掲載された議席数の数字について、読者はその数字が発表されるまでの背景を知る機会は少ないでしょう。これから選挙予測の解説を始めるにあたり、新聞社が報道している予測の精度が、どの程度正確なのかを最初に確認しておきましょう。

実際の選挙結果は、第一党である自民党が57議席を獲得しました。日経の予測では61議席でした。4議席ほど過大予測していますが、統計的な誤差を考慮した予測区間を掲載していますす。それは（53〜68）議席なので、予測区間の範囲内に57議席があります。その意味でも予測は「外れ」ていませんでした。

なお、見出しでは「与党」という言葉を使っています。この選挙では公明党は14議席を獲

図表2-1　参院選（2019）情勢予測を伝える日経紙面

改憲勢力3分の2迫る

与党、改選過半数の勢い

日本経済新聞社は21日投開票の第25回参院選の情勢を探るため、全国世論調査を実施した。取材情報を加味すると、自民、公明両党は改選124議席の過半数63議席を超える勢いをみせている。自公両党と憲法改正に前向きな日本維新の会などの「改憲勢力」は、非改選議席と合わせ、国会発議に必要な3分の2に迫る。野党は立憲民主党が改選9議席からの倍増をうかがう。（関連記事2面、特集6、7面に）

立民、倍増うかがう

参院選情勢

有権者のうち選挙区で28%、比例代表（3面きょうのことば）で22%が投票先を決めておらず、流動的な要素がある。

参院選は3年ごとに半数ずつを改選する。改選定数は今回の選挙から選挙区が1、比例代表が2増えて124議席となる。選挙区74議席、比例50議席を争う。

自民は32の1人区（改選定数1）は西日本を中心に7割程度の選挙区で有力となっている。改選定数2～6の複数区は全選挙区で1議席を確保し、北海道、千葉、東京、広島各選挙区でも2人目の当選を視野に入れる。比例は改選19議席を上回る可能性がある。

公明は改選11議席を上回る勢いで、埼玉や東京選挙区などの複数区でも優位だ。自公で改選過半数の63議席を超える勢いをみせている。

安倍晋三首相が意欲を示す憲法改正の発議には、参院の3分の2以上にあたる164議席が必要となる。非改選の改憲勢力は79議席で、今回の参院選で85議席に達するかが焦点だ。

改憲に前向きな維新は大阪選挙区で2人の候補者が当選圏内に入った。比例でも4議席程度の獲得が有力だ。

維新以外の野党は、立民が改選の9議席から倍増をうかがう。北海道、埼玉、東京などの複数区での当選が有力となっており、比例でも10議席程度が視野に入る。非改選を合わせ参院で30議席を超える勢力に拡大する。

一方、国民民主党は改選8議席を割り込む気配だ。長野、静岡、愛知各選挙区は議席確保を見込む。

共産党は比例を中心に手堅く、改選の8議席を目指す展開となっている。社民党は改選1議席の獲得が有力視される。

立民、国民民主など野党が候補者を一本化した32の1人区は、東北を除く多くの地域で野党系候補の劣勢が目立つ。岩手や秋田、山形、新潟、大分などでは無所属候補と自民候補が接戦を演じる。愛媛、沖縄選挙区では無所属候補が優位だ。

調査は日経リサーチが12～14日、携帯電話と固定電話を対象に乱数番号（RDD）方式で実施した。

全国の有権者5万646人を対象に2万6826人の有効回答を得た。回答率は53・0%。

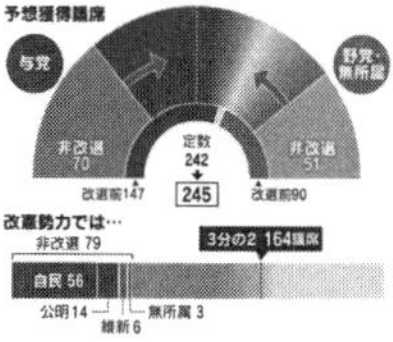

予想獲得議席数（有力～可能性）

	合計	選挙区	比例代表	改選	非改選
自民	53～68	34～46	19～22	66	56
公明	10～15	3～7	7～8	11	14
立民	15～24	6～13	9～11	9	15
国民	4～6	3～4	1～2	8	15
共産	6～13	2～8	4～5	8	6
維新	4～10	1～6	3～4	7	6
社民	0～1	0	0～1	1	1
諸派無所属	2～11	2～10	0～1	6	8

（出所）日本経済新聞朝刊1面　2019年7月15日

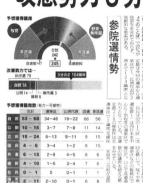

図表2-2　参院選（2019）投票結果を伝える日経紙面

与党が改選過半数
改憲勢力は2/3割れ
消費増税へ経済対策
参院選
参院の新勢力
与党 計139 今回獲得69
今回獲得51 野党 計102
改憲勢力 計157
国民投票「21年9月までに」
憲法改正 首相、国民と連携期待
立民、議席伸ばす
投票率24年ぶり50%切る見通し
自民・非自民争いの限界
政治部長　丸谷浩史

（出所）日本経済新聞朝刊1面　2019年7月22日

得。日経の予測では15（予測区間10～15）議席と1議席だけ過大でした。与党（自民＋公明）の合計議席数（61＋15）は76議席という予測となります。選挙結果は71（5議席過大予測）でした。

　そして「与党、改選過半数の勢い」という見出しですが、改選（124議席）過半数は63議席です。予測議席数は76議席ですから、63を超える

「勢い」どころか、予測数値からみれば「余裕」で達成できそうです。ただし、与党（自民＋公明）の予測下限がちょうど63（53＋10）議席ですから、もっとも控えめな予測をすれば「最低でも改選過半数は獲得できるだろう」となります。勝敗ラインの設定にも関係しますが、紙面の見出しはこれくらい慎重です。

これは日経だけでなく各紙とも同様です。したがって新聞の見出しのレベルの予測を間違えることは、まずありません。見出しのレベルでの予測の間違いは、それくらい重大な失敗になります。実際に戦後の選挙予測における深刻な失敗は2回ありましたが、この歴史的事件については後述します。

19年の参院選では各社とも予測に成功し、波乱はありませんでした。朝日と共同が詳しい調査内容と予測結果を報道しているので比較しましょう。自民党の予測議席数は、朝日（59）、日経（61）、共同（65）。つまり選挙結果の57議席に対して、朝日がもっとも高い精度でした。共同は8議席の過大予測。日経は両社の中間ですが、3社ともに見出しを間違えたとはいえません。

また、共同は予測区間（61～69）を外しているのですが、これは予測区間の計算方法が各社で異なるという事情もあります。共同の予測区間は8議席ですが、朝日は10議席。日経は

15議席でした。予測の幅が広ければ区間に収まる確率が高まります。日経の予測区間の構成方法は後述します。

選挙予測のための調査は巨大プロジェクト

どうして未来の有権者の投票行動を予測できるのでしょうか。未来予測の方法はいくつもありますが、新聞社の予測方法は基本的に各社とも同じです。朝日が開発した予測方法が論文として1964年に発表され、各社ともそれを参考にしたからです。

予測をするにはデータが必要です。これは有権者に「選挙調査（情勢調査）」を実施して収集します。衆院と参院ともに選挙区選挙と比例代表選挙がありますが、調査は選挙区別に実施して、選挙区と比例代表は同一の調査対象者に投票先（候補者および候補政党）を質問します。

衆院の小選挙区は約300選挙区あり、参院の選挙区は45です。衆院は参院の数倍に達する大規模な調査プロジェクトになります。2019年の参院選における調査規模は、全国で日経が約5万人、朝日が約6万人、共同が約4万人でした。衆院選はこの数倍となりますから、各社がそれぞれ数十万人を調査します。選挙区ごとに1000人調査を計画すれば、全国では30万人の規模になります。予測記事が掲載された紙面を詳しく読むと、調査対象数や回収率などの基本的情報が掲載されています。

参院の場合は選挙区ごとに定数が異なりますが、一般的な調査計画では、定数が多い選挙区では標本サイズ（調査対象の人数）も大きくするように設計します。衆院は小選挙区制なので原則としては、どの選挙区も同じ標本サイズで調査します。もちろん調査をどのように設計するかは各社のノウハウです。無風区は0人として、激戦区の標本サイズを大きく配分することで、限られた調査予算を有効に使う考え方も成立します。ただし「無風」という判断は難しく、結果的には「大風」だったという場合もあります。

予測の一般的な性質として、標本サイズが大きいほうが精度も高まります。最初に2019年参院選の予測結果を確認しましたが、6万人調査の朝日の予測精度がもっとも高く、5万人の日経が続き、共同は4万人でした。この程度の差異では偶然という側面もありますが、標本サイズと予測精度の順番が同じでした。

3社ともに選挙区よりも比例代表の予測精度が高い結果でした。比例代表で自民党は19議席を獲得。予測議席数は日経20、朝日18、共同21。たかだか2議席の差異です。

一方、選挙区では日経と朝日が3議席、共同が6議席の過大予測でした。参院の比例代表は全国選挙区なので標本サイズが大きくなるのです。衆院の比例代表は全国8ブロックですから、参院の全国区よりは小さいですが、約300の小選挙区に比べたら、かなり大きな標本サイズを分析できます。

選挙調査が大規模だということの「現場の大変さ」をもう少し強調しておきます。プロローグで垣間見た定例の世論調査とは、また違った姿になっているのです。

数万人から数十万人を調査するためには、大きな電話調査会場が必要になります。できるだけ大きなビルの空きフロアを確保します。そこで働く電話オペレーターは数百人に及びます。その風景は壮観です。定例世論調査の状況とは比較になりません。ただ、新型コロナウイルス感染症の影響が、今後の選挙調査にどのような影響を与えるのか検討しなければなりません。実施のあり方、コストとの関係などを含めて悩ましい事態を迎えています。

規模が大きいと、電話調査会場の確保は特別な事前準備を必要とします。とにかく早めに動く必要があります。ふだん使っていないビルを臨時に、かつ短期間用意しなければなりませんが、各社とも事情は同じです。都合よくビルが空いているとは限りません。

衆院が突然解散した場合は非常事態です。その点では参院選のように日程が決まっている調査は相対的に衆院選よりは準備が容易で、業務が計画的に進められます。

衆院解散はいつか──調査にも甚大な影響

選挙調査は、特に衆院選の場合は大規模であるため、事前の準備にかなりの時間を要します。ところが首相が衆院をいつ解散するのか、戦略的にも事前に明言しません。過去にもさまざまな解散があり、選挙調査も試練に直面してきました。

まず1986年の衆参同日選。中曽根康弘首相の「寝たふり（死んだふり）解散」です。現場では参院選のつもりで粛々と準備していたところに突然の同日選。体制を規模に合わせるだけではありません。調査票も変えなければなりません。関連するプログラムも衆参の両方を準備します。調査の現場は大混乱でしたが、組織力で切り抜けました。

2005年の小泉純一郎首相による郵政解散も「本当に解散した！」という驚き。無我夢中で走り抜けましたが、準備できたのが不思議なほどでした。

2009年の総選挙。これは逆の意味で大変な解散でした。もうお忘れかもしれませんが、麻生太郎首相は前年に解散するはずでした。首相が解散を決意したとの複数の報道がありました。しかし、リーマンショック（08年9月）の影響は深刻でした。とても年内解散はできないとの判断は妥当だったでしょうが、各方面から怨嗟《えんさ》の声も洩れました。あまり知られていませんが、各社は前年解散のつもりで選挙調査の準備をしていたのです。この影響は調査を実施する立場にとっては経費問題となってしまいました。

首相が衆院解散についてどう考えているか、どういう発言をしたかがニュースになるのは、政治的な重要事項であることは当然ですが、実に多方面に影響を及ぼします。

大変なのは規模だけではありません。時間です。調査期間は3日前後です。最終日に調査を終了すると、即時に集計・分析を開始。予測モデルを構築して結果を検討します。最終的なモデルによる予測議席数を算出したら、そのまま選挙検討会議。その夜のうちに原稿を書き、ニュースとして出します。この間は数時間しかありません。まったく余裕はなく、何ひとつミスは許されません。

調査責任者は極度の緊張感と責任感の中で進捗管理しています。調査会場は複数にまたがりますが、データを収集するネットワークシステムに故障が起きないか、調査システムがダウンすることはないか、電話回線のトラフィックは正常か。データチェックではエラーをすぐに正しく修正できたか。調査対象者も数十万人ですから、クレームも発生することがありますが、そこは落ち着いて誠実に対応します。

発生し得るミスを準備段階から万全の品質管理体制を敷いて防止します。政府の公的統計調査の発表が遅いと批判されることがありますが、調査終了後から公表までは多くの確認プロセスがあるのです。選挙予測の調査は、そのプロセスが極限まで凝縮される時間との勝負でもあります。

選挙予測はあらゆる誤差との格闘

調査が終了したら、ただちにデータを集計します。まず候補者別に、「投票する」と回答された割合（％）を算出します。これを「調査支持率」と呼びます。調査支持率を算出する際の分母は、候補者の名前をあげた人です。つまり「まだ決めていない」との回答者を分母から除外します。

ここは「選挙予測のポイント」のひとつです。投票先の名前をあげなかった「まだ決めていない」態度未定者がいます。この態度未定率は各社とも公表します。多少の相違があるのですが20％～40％に達します。直前まで投票先を決めていない有権者は多いのです。予測記事では、調査時点の態度未定率を示したうえで、この人々の投票行動によっては予測結果が変わる可能性があることを明記しています。

最近では、態度未定率が小さくなってきました。ただし、この事実については、投票先を決める時期が最近は早まってきた、という解釈はできません。調査に対する協力率が低下していることが背景にあると考えられます。したがって最近の調査データは、協力的集団の傾向が強まっているということになります。

調査には協力しないものの投票には行く集団があることを想定すると、この集団が調査に回答した協力的集団とは異なる投票行動を実行した場合に、マスコミによる選挙予測が失敗するリスクが高まります。「選挙予測のポイント」と述べたのは、その意味なのですが、これには決定的な解決策がありません。

選挙調査を世論調査と呼ぶ人もいますが、これは違います。米国大統領選挙の報道でも「世論調査が外れた」とか「当たった」という表現を目にします。後述しますが、これは世論調査ではなく選挙調査です。だから候補者の調査支持率は報道しません。形式的には世論調査と選挙調査は同じであることが原因です。

多くの人が誤解しているのですが、選挙予測は集計された調査支持率でそのまま判定しているのではありません。なぜなら調査支持率には、次の4つの誤差が含まれているため、得票率と一致しないからです。

①カバレッジ誤差、②無回答誤差、③測定誤差、④標本抽出誤差

①カバレッジ誤差は有権者と投票者の差です。目標とする母集団は投票者（実際に投票する人たち）です。しかし選挙前に投票者を確定することは不可能です。そこで選挙調査では、有権者を母集団とするしかありません。この投票者と調査を受ける人を抽出する母集団との差異をカバレッジ誤差と呼びます。有権者全員が投票すればカバレッジ誤差はないのですが、実際は違います。最近の投票率は60％前後です。選挙予測の調査データには「投票しない回答者」のデータが含まれているでしょう。これは後述の出口調査と決定的に異なる点です。出口調査は投票者を母集団として実施できます。選挙前と選挙後の違いです。カバレッジ誤差について選挙予測では、どのように考えて対処するのかは、後述の「予測の失敗」に関連して説明します。

②無回答誤差は、調査に応じない人、調査時点で投票先を決めていない人、投票先を決めていても回答しない人による誤差です。要するに投票先の候補者の名前を得られない誤差です。これには2段階があります。第一段階は回収率と関係しますが、調査そのものに協力しない人がいる誤差で、調査不能誤差と呼ばれます。この人々に関する情報はほとんど得られません。第二段階は調査には協力してくれたけれど、肝心の投票先を回答してくれないため、データが欠測となる無回答誤差です。これは回答者の3割前後に達します。回答者と無

回答者が同じ意見分布なら問題ありませんが、投票直前に無回答者が集団で一斉に、回答者集団とは異なる投票行動を起こすと選挙予測を誤る危険があります。実際に1998年参院選では無回答誤差によって予測が失敗した可能性があります。

③測定誤差は、投票日の当日までに気が変わったり、ウソの回答をしたり、単なる勘違いの回答をして、実際の投票と回答が異なる誤差です。回答者の中には、質問されたので回答はしたものの、それほど強い意思決定をしていない場合があります。自分の回答を覚えていない人も意外に多くいます。事後に同じ回答者に再調査すると同じ回答が得られないことは珍しくありません。

このような説明をすると、「調査なんて信頼できない、いい加減なものだ」という印象を持つかもしれません。ところが驚くべきことに、そうではないのです。

まずご自身について想像してほしいのですが、皆さんの多くも選挙の際に明確に投票先を決めていないのではないでしょうか。もちろんどこかの党員の人や、友人が立候補しているという場合もあるでしょうが、それは例外です。

回答の曖昧さは確かに存在します。それは個人単位での回答が不一致になることからも明らかです。しかし多数の対象者に調査をして全体を集計してみると、全体の分布は安定しているのです。選挙調査に限らず調査という測定方法そのものの性質です。これは調査データを使った予測にとって極めて重要な性質です。

④標本抽出誤差（標本誤差）は、母集団の全員を調査せず、その一部だけを標本抽出したことに伴う誤差ですが、統計学的に計算できる理論的誤差です。統計学のテキストにも書かれていますし、大学でも多くの学部で統計学の講義が設置され、そこで学習する内容です。

数学的に計算できる標本誤差だけではなく、計算できない非標本誤差を無視できません。とはいえ、理論が役に立たないということはありません。あらゆる実践的経験も総動員して予測するのです。

美しい予測モデルの前には、泥臭い仕事がある

選挙予測の手順は大きく分けると2段階あります。最初に①～③の誤差を除去します。こう述べると簡単に除去できると思われるかもしれませんが、この3種類の誤差は数学的に分離することは困難です。したがって誤差の大きさや符号（プラスかマイナスか）も選挙前に計算できません。

それではどうするのでしょうか。マスコミ各社にデータサイエンティストがいます。統計

的データ解析の専門家（統計家）のことです。何をやるかというと、実は非常に基本的なことです。

まずデータをよく見るのです。いきなり数理モデルを計算するわけではありません。選挙調査データから算出された各候補者の調査支持率と、選挙結果の得票率の散布図を描きます。すると、調査支持率と得票率とが一致しない様子や乖離の程度を可視的に確認できます。最初の仕事は、どのような要因がこの乖離をもたらすのか発見していくことです。

具体的には書けませんが、たとえば「候補者が有名人の場合は、調査支持率が得票率よりも高い一般的傾向がある」というような洞察を得たとします。これはひとりの有名人の事例ではまったく役に立たないのであって、千人の候補者のうち有名人一般に共通する傾向でなければ発見になりません。

そんなことなら統計家でなくてもできそうです。実際にそうです。政治記者は選挙区や候補者の事情や背景に通じています。統計家も可能なら記者と同じくらい分析対象のことを知る必要があります。

もちろん、それは難しいのですが社内では統計家と記者は協力できます。数式や計算の知識だけでは不十分です。ただし統計家にはデータを見る方法論や技術があります。「探索的データ解析法」と呼ばれる考え方やツールを身につけていて、あらゆる角度からデータを調べる能力を訓練しています。さまざまな切り口から接近していくと、数字の集合に過ぎないデータから関係性が浮かび上がり、構造が見えてきます。

すると、さらに分析を進めていくべき課題もいっそう明確になります。最初に「調査と選挙」の関係から分析しましたが、再び選挙データに戻り、あるいは調査データに戻ります。

たとえば選挙結果のデータからも興味深いことが示唆されます。衆院選の約300の小選挙区は接戦度で3分類できます。楽勝の選挙区が3分の1くらいあります。接戦も3分の1です。この分布は過去の選挙でかなり安定しています。そのため、およそ3分の2はまず予測が的中します。

問題は残りの3分の1の接戦区です。仮にすべての接戦選挙区が確率0・5であれば、ランダムに予測しても半分は的中です。つまり選挙予測は的中率80％程度で許されるなら、なんとか達成できるでしょう。実際は違います。マスコミ各社の的中率は90％を超える精度です。

今度は、調査データを見て、選挙データと同じか確認します。もちろん同じではありません。どこが違うのか。そういう発想で統計家はデータを分析しながら、どんどん理解を深めていくのです。予測に失敗した選挙区については徹底的に原因を追究します。その選挙区の調査で「何か起きたのか？」ということも疑います。ほかの選挙区との違いがないか多角的に確認します。そういう反省的分析からも新しい発見があります。いえ、発見しなければなりません。

以上のような予備的分析をするのですが、実に泥臭い作業なのです。データサイエンティストというのは地道な仕事です。しかしここから、調査支持率を得票率に近づける要因を見つけるのが統計家の力量です。それができなければ統計家の価値がありません。難しい計算ができるだけでは統計家ではありません。こうして予測モデルに要因を組み込みます。その結果として調査支持率は得票率に近づきます。これを推定得票率と呼びます。

人工知能で選挙予測は成功するか

推定得票率を算出するのは予測モデルですが、よいモデルの条件があります。それは次の選挙で使えるということです。ここまでに述べた分析は、その選挙における要因の探索でした。欲しいのは次の選挙で使うモデルです。これはどうしたら条件を満たすのでしょうか。まず1回の選挙だけを分析するのではなく、過去3回くらいの選挙を分析します。そこに共通する要因であれば、次の選挙にも当てはまる可能性が高いと考えられます。その選挙にだけ有効な要因は条件から除外します。

ここで明らかなように、選挙予測モデルは過去の傾向を、未来の予測に利用しています。したがって調査方式を変更してはいけません。管理できるプロセスは常に同じように制御しなければなりません。質問文を変えれば結果も変わります。もちろん標本設計も変えてはいけません。オペレーターの研修内容を変えると影響の出るところもあります。調査実施の曜日も影響するかもしれません。選挙のたびに調査方式を変えていると、数値に変化があった場合に、有権者の意識が変化したのか、調査方式を変更した影響なのか分離できなくなってしまいます。

もうひとつは、できるだけ多くの要因をモデルに取り込むことは、よくないということです。これは逆だと思いませんか。実際に要因を増やすほど予測モデルの説明力は向上していきます。しかしやはり次回の選挙で有効ではない要因が含まれるので、モデルが不安定になります。そのため次の選挙の予測に当てはめると、失敗する危険性があるのです。手堅い要因だけで予測するほうが安全です。

予測のモデリングというのは、必要な要因を取り込まない未熟さと、無駄な複雑性（とにかく放り込む）に向かう愚かさとの対決です。必要を含み無駄を排除したモデルがよいモデルです。マスコミ各社の専門家はそういうことをやっています。

さらにこうも考える人がいるでしょう。「選挙予測こそ人工知能やら機械学習というロボットにやらせればうまくいく」。選挙予測を人工知能で成功させた事例は知りませんが、考えられるだけの多くの要因を与えておいて、そこからどの要因を選択するかは、ある程度できます。選択すべき要因が何かという条件も与えることができるので、人間がやっている基準を与えるのです。そうすれば自動的に選択するからです。

問題のひとつは選挙調査データが、ビッグデータではないということです。人工知能や機械学習が、自身の内部でモデルの安定性と有効性をチェックするには、相互検証用のデータも必要です。相互検証というのは、モデルを作るために使うデータと、そのモデル構築に使わなかったデータで検証する、という仕組みのことです。

ビッグデータであれば十分なデータがありますが、選挙調査データは選挙区あたり数百人のデータしかありません。それでも莫大な調査費用が必要になるのです。限界まで絞った仕様で集めた貴重なデータです。いずれ人工知能が選挙予測をする日が来るでしょうが、現在は人間がデータを集めて、人間が統計モデルを作っています。

当選確率はどう算出するのか

さて、第一段階で調査支持率の非標本誤差を除去して推定得票率を算出しました。どれだけうまく誤差を除去できるかは、予測の成否に直結します。優れた統計家と信頼性の高い調査データが威力を発揮します。予測された推定得票率と選挙結果の投票率の散布図を描くと、45度の直線の周辺に候補者が並びます。しかし、完全に直線上に乗っているわけではありません。まだ標本誤差という4番目の誤差が残っているからです。あるいは非標本誤差が除去できずに残っている分もあるかもしれません。

第二段階では、推定得票率における「標本誤差」の大きさを評価し、候補者の当選確率を算出します。

ある選挙区は3人の候補者ＡＢＣがいて、それぞれの推定得票率が0・4、0・3、0・3と予測されたとしましょう。Ａ氏の当選確率はいくらか、という問題です。当選確率の計算は理論的領域なので簡単かもしれません。しかし確率の概念はひとつではないのです。よく考えると当選確率は難しいのです。各社で使っている当選確率も定義が違う可能性もあります。

簡単な定義は「100回選挙をしたら何回当選するか」という頻度に準拠した確率です。実際には100回の選挙はできませんが、コンピューターの中では実行できます。イメージしやすいように簡単に説明しましょう。A氏の推定得票率0・4には標本誤差があるので、次回の選挙では0・3かもしれないし、その次は0・5かもしれない。それはABCの3氏ともに同様です。

そうするとA氏が当選したり、B氏が当選したり、という結果になります。そこで1万回の選挙を実行し、その結果として各候補が当選した回数を数えます。その当選した割合を当選確率と定義します。このシミュレーションをすべての選挙区で実行します。推定得票率が大きいA氏の当選確率がいちばん高いことは予想できますが、その程度は標本誤差の大きさに依存します。また候補者間の推定得票率の開き具合にも依存します。

政党の獲得議席数の「予測区間」

ところで、マスコミの選挙予測の最終目的は、政党別の獲得議席数です。候補者個人の当選確率はそのための情報という位置付けです。そこで政党別の獲得議席も同時にシミュレーションします。各候補が当選したり落選したりと変動するわけですが、1回の選挙が終わると政党に属す候補のうち何人が当選したかを数えます。そうすると1万回のシミュレーションが終了したところで、獲得議席も1万通りを得ることになります。

このあと政党別の獲得議席の区間予測をします。1万通りの獲得議席数はいずれもその政党にとって獲得の可能性がある議席数の分布です。しかし1万回もシミュレーションすると、分布の広がりも大きくなり、非常に少ない（多い）議席数の選挙も出てきます。

そのすべてを予測区間としてもいいのですが、あまりにも幅の広い区間予測になるので、議席数分布の非常に少ない（多い）両端の合計5％（2・5％×2）を捨てて、全体の95％で予測区間を構成します。これは95％である決まりはないので、状況に応じて変えることもあります。

こうして、ようやくすべての候補者の当選確率と、各政党の獲得議席数の予測区間が求められました。これを政治部記者や予測担当者が出席する「選挙会議」で検討します。選挙区ごとに検討して、予測モデルの結果を修正することもあります。ここで注意が必要なのは接戦の選挙区です。多くは半々の当選確率なので、接戦の選挙区全体を見たときに、ある選挙区の判定を主観的に変えると、全体としての接戦区の議席数に影響することがあります。もちろん、真実は開票しなければ明らかになりませんが。

紙面に掲載されている政党別の獲得議席数の予測は、このようにして掲載されます。各選挙区の情勢記事も同様に予測結果から書きます。ちなみに候補者の推定得票率は公表しません。記事では「横一線」とか「激しく追い上げる」などと表現します。

なぜ選挙終了直後に、テレビは当確を打てるのか

投票日のテレビ番組などでは開票速報で「当選確実」を打ちます。皆さんもご覧になったことがあるでしょう。選挙が終わり、放送が始まった直後に多くの候補者に「当確」が出ます。なぜ、そのような予測ができるのでしょうか。

これも予測調査を使っています。投票を終えた有権者を投票所（期日前投票所も含む）の出口で待ち構えて投票先を質問するのです。この「出口調査」では、投票先のほか、重視した政策や争点の評価などの質問があり、投票行動を分析できます。新聞社も出口調査をしますが、これは予測だけではなく結果の分析にも使っています。

新聞社による選挙前の情勢調査と、テレビ局による出口調査は、しばしば選挙予測調査として混同されますが、本質的に異なります。情勢調査は投票前の「未来の予測」ですが、出口調査は投票後の「過去の推測」です。ちなみに世論調査は「現在の推測」です。

投票行動の予測という点では、（当たり前ですが）出口調査の精度は情勢調査よりもはるかに高く、よく一致しています。もちろん出口調査でも回収率は100％ではなく、拒否もされますし、男女比などを含め偏りがあるため、予測モデルを使うこともあります。

情勢調査は電話で実施しますが、出口調査は調査員が対面で投票者に依頼して尋ねます。ただし、調査員と投票者が対面で質疑応答する方式ではなく、投票者自身による「自記式」です。調査員には投票先を見せない仕組みで調査することで、投票者が安心して正直に回答できるように配慮します。日経では紙の調査票ではなくタブレット端末を渡して、投票者に自分で記入（ペンでタッチ）してもらいます。

マスコミ各社は全国の投票所を無作為抽出しますが、どうしても各社で同じ投票所が抽出されることがあります。その場合は各社で話し合って、出口で混雑して投票者に迷惑がかからないように取り決めます。なお、出口が複数ある投票所があり、その場合の対処方法も決めてあります。調査をする時間は朝から夜まで偏りなく調べますが、投票所を訪れる有権者の波にも繁閑があります。朝は投票の開始と同時に調査を始めますが、終了は午後6時です。選挙は午後8時までなので、最後の2時間については誤差の要因となります。テレビ番組は8時くらいから始めるので準備時間が必要なのです。

それにしても、たった2時間で全国の投票所のデータを集めて集計し、全体の情勢予測まで終わらせて、番組冒頭で「与党過半数の見込みです」などと報道できるように間に合わせるのですから、現場の担当者は分単位の仕事をしています。データの収集はオンラインで随時送られるシステムが構築されていますが、全体の政党別議席数の予測は、最終データをセンターで受け取ってから短時間で判定します。

当確は「バードウォッチング」の情報も活用

では、これらの調査を使って、どのように当確を打つのでしょうか。

投票終了直後（開票率0％）での判断方法は各社で異なるでしょうが、事前の調査支持率が「30％未満の候補者は一度も当選したことがない」とか、「60％以上の候補者は一度も落選したことがない」といった経験的知見が各社にあります。

選挙区の接戦の程度は、「楽勝」から「大接戦」まで、ある形状で分布をしています。出口調査の結果から、接戦の程度の順番で選挙区を並べることができます。そうすると、開票を待つことなく、出口調査の結果だけで当確と判定できる選挙区が先頭に並びます。

もちろん新聞社による事前の情勢予測の結果も参考にしてチェックしておきます。これらの選挙区は、統計学的判定ということはもちろんですが、調査するまでもなく、そして調査したらやはり、大差のついている選挙区です。このような選挙区の判断は、実際には難しくありません。番組冒頭から次々に「当確が出ました」と伝えます。一挙に出さずに、順番に時間の推移をみながら出していきます。

次に、出口調査の結果だけでは判定できない選挙区のグループがあります。統計学的に判定して微妙な差がついている選挙区です。ここで、もうひとつの調査データを使います。全国の開票所で開票結果を調査するのです。調査というよりも取材による情報収集です。

投票が終了した午後9時くらいになると、投票所から開票所に集められた投票用紙が開きます。この開票作業は大きな体育館などに、投票所別に大きな机を並べて整然と実施され、マスコミにも公開されます。

ただしマスコミの取材席は遠くに設置され、開票場の中には入れません。たとえば体育館の2階席などです。そこで開票状況を双眼鏡で観察しながら票を数えます。助手がそれを書き写します。その姿と風景が「バードウォッチング」に似ているため、関係者の間では「開票ウォッチング」と呼ばれることもあります。

開票の段取りは事前に取材します。候補者ごとに投票用紙を仕分けするのですが、どの単位で山を作るか、どの机にどの投票所を置くのか、どのタイミングで集計表を作成するかなどの手順が決まっています。マスコミは発表を待つよりも前に、開票しているテーブルを観察して、リアルタイムで候補者別の票数を各社の選挙センターに連絡するのです。

開票率を把握し、地域別の開票結果と候補者の地盤も考慮しながら、開票結果の票数と出口調査の結果を照合して、判定を間違えないように慎重に当確を判断します。このグループの当確は開票状況に依存します。あまり急いで判断すると失敗するリスクのほうが高い選挙区です。

最後の選挙区グループは、もっとも難しい接戦の選挙区です。出口調査の結果で当選確率0・5のあたりで、しかも開票が進んでも接戦の状況は変わらない選挙区があります。数百票差（0％差）で決する場合もあります。信頼率99％の有意差でも心配です。100人に1人くらい当確を間違えてもいいのではなく、絶対に間違えてはいけません。ここが情勢調査の政党別議席数の予測と違います。このような選挙区は当落保留にします。開票が終わるまで当確を出せません。

このようにして、衆院選であれば約300の選挙区が、数時間のテレビ番組の間に順番に「当選確実」と伝えられていくのです。

予測の失敗――79年総選挙と98年参院選

マスコミが予測に失敗した選挙があります。予測区間（政党の獲得議席の予測幅）から少しずれる選挙は時々ありますが、各社が一斉に同じ方向で、メインの見出しで勝敗を逆に報じた大失敗は１９７９年衆院選（大平正芳首相）と98年参院選（橋本龍太郎首相）です。

マスコミの選挙予測は１９５０年代に研究されて60年頃までに確立しました。統計数理研究所の林知己夫が、朝日の選挙調査データで予測分析した方法を64年に発表します。林は朝日の顧問として世論調査と選挙予測を指導してきたことが知られています。一般的には、企業と研究者は守秘義務契約を結び、顧問料を支払い、自社の調査データを使った研究結果を論文として公表しないように制約することが多いでしょう。背景や事情は知りませんが、林の論文によって朝日の選挙予測の方法が公知となりました。

各社ともこの論文で示された方法を下敷きにしています。林の論文では本書では書かなかった具体的な詳細まで書かれているのです。マスコミによる選挙予測は、現在に至るまでこの予測方法を踏襲しており変わっていません。本章で説明した予測方法も同様です。

これまでの衆院選と参院選における大失敗は79年と98年の2回だけ。失敗の原因は、よくわからないのです。事後分析はあるものの、決定的な説明ではありません。時代や社会意識の変化のような解説もあり、それなりの説得力はありますが、実証的ではありません。

79年10月の衆院選（定数511）で自民党の獲得議席の予測区間は朝日（260～280）、毎日（262～274）、読売（266～279）で各社とも「安定多数」の見出し。結果は248で過半数割れでした。予測下限より大きく下回り、全社が一斉に同じ失敗。強い印象を残しましたが、実は公示前・前回選挙（三木武夫首相）より1議席減に過ぎません。

しかし見出しのレベルで自民党の「復調」と「敗北」を間違えたのです。弁解の余地はありません。日経は当時まだ世論調査を実施しておらず、したがって自社の情勢調査を使った選挙予測もやっていませんでした。しかし、朝日、読売、毎日はこの失態に対して、紙面で予測の失敗であったことを認め、原因の推察と「お詫び」記事を掲載する結果となりました。林は80年にこの失敗に関する報告書を書いています。

朝日はその後の衆院選（80、83年）でも第一党（自民党）の予測区間を3回連続で外し、86年衆院選から議席数の予測表の掲載をやめてしまいます。読売も90年衆院選を最後に予測表の掲載をやめます。朝日は2000年衆院選から予測表を復活しますが、読売は現在までグラフ表示のみです。毎日だけは63年衆院選から一貫して予測表を掲載しています。98年7月の参院選は20年ぶりの大失敗でした。日経は予測紙面で「自民 伸び悩み」の大見出し。ところが、結果は「自民惨敗」。自民党の改選議席は61であり、予測は60議席でしたが、結果は44議席。非改選議席と合わせても過半数割れで、この参院選敗北の責任をとって橋本内閣は総辞職しました。

予測失敗は日経だけでなくマスコミ全体で同様でした。各社は特集を組むなどして分析記事を掲載。相互取材の結果、紙面で予測議席数を掲載しなかった各社の数字を含めて朝日の7月15日朝刊に掲載され判明します。ほぼ同じ予測でした。

予測失敗の原因に関する有識者の分析は納得できないものでした。電話調査では投票行動を把握できないとの指摘には多くの反証が容易です。投票率上昇も原因にあげられましたが、ほとんど上昇しなかった選挙区でも自民候補は落選しました。79年の衆院選では逆に投票率は著しく低かったのですから、説明に一貫性がありません。

選挙予測の事前報道が結果に影響を与える、という「アナウンスメント効果」には有利も不利もあります。後付けの説明は因果関係の証明と一般化になりません。投票時間が20時までに延長、橋本首相の経済政策の失敗など、背景説明や結果の解釈までが限界でした。

図表2-3　参院選（1998）情勢予測を伝える日経紙面

自民伸び悩み、民主足踏み

参院選 終盤情勢 本社調査

日本経済新聞社は十二日に投票日を迎える第十八回参院選について全国世論調査を実施するとともに、本支社・支局を通じて終盤の情勢を探った。その結果、自民党は伸び悩んでおり、党籍離脱中の斎藤十朗参院議長を含めた改選数の六十一議席は維持する見通しだが、参院での過半数奪回に必要な六十九議席の確保は難しい情勢。各種選挙で好調な共産党は議席倍増の勢いだ。選挙区選で候補者を絞り込んだ公明は堅調な戦いを展開している。一方、本格的な国政選挙に初挑戦する民主党は勢いがブームにまではなっておらず、改選十八議席を上回れるかどうか、ぎりぎりの戦いを繰り広げている。

（関連記事2、3面、各地の情勢は8日付に掲載）

共産は倍増の勢い

社民・自由苦戦　公明は堅調

調査は日経リサーチが三日から五日までの三日間、全国から無作為抽出した三万七千六百人の有権者を対象に電話で実施した。有効回答率は五九・八%。回答者のうち投票する政党をまだ決めていない人や、言えないとした人が約三二%いるうえ、調査の結果を受けた各党の追い込みや当日の投票率も選挙結果を大きく左右することから、情勢はなお流動的だ。

自民党は九五年の前回選挙で連立を組む社会党（当時）への配慮から選挙区で候補者の複数擁立を見送ったが、今回は十二の定数複数区で二人を公認。このうち静岡などで二議席独占を視野に入れているが、現時点では選挙区全体で三十議席台後半を固めるにとどまっている。複数区で二議席目をめぐって民主党などと競り合っている選挙区も多く、四十議席台半ばから後半の攻防となっている。

比例代表選では十五議席が確実になっており、選挙区との合計で六十議席台前半をうかがう。

自民党に対抗する二大政党を目指す民主党は北海道、長野、岡山などで議席が確実視されるものの、当落線上で他党としのぎを削っている候補者が多く、優勢な選挙区は一ケタにとどまっている。比例代表選では十議席からどこまで伸ばせるかが焦点だ。

着実なのは公明、共産両党。公明は選挙区選で二人に絞った公認候補が安定した戦いをしており、比例代表選で旧公明党時代に記録した八議席を狙う。共産党も比例代表選では過去最高だった五議席を上回り、選挙区選と合わせて改選議席の六を大きく上回るのは確実な情勢だ。

社民、自由両党は苦戦を強いられており、選挙区では一議席確保できるかどうかの厳しい戦い。比例代表に期待をつなぐが、両党とも改選数の維持は難しいとみられる。こうした中、無所属候補が善戦している選挙区が自民系、野党系合わせて十数区あり、これらの候補者が当選した場合には、どこに所属するかによって各党の実質的な議席が変動する可能性がある。

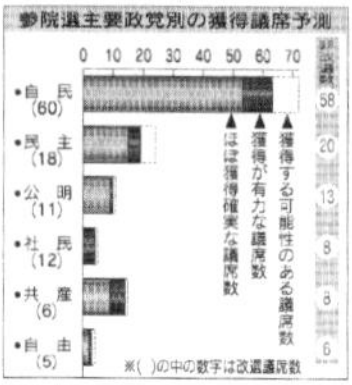

（出所）日本経済新聞朝刊1面　1998年7月7日

図表2-4 参院選（1998）投票結果を伝える日経紙面

自民惨敗、首相退陣へ

前回下回る44

参院選

民主が躍進 共産は倍増

硬い表情の橋本首相（13日午前零時すぎ、自民党本部）

	自民	民主	共産	公明	自由	社民	さきがけ	その他
獲得議席数	44	27	15	9	6	5	0	20
増減	-16	+9	+9	-2	+1	-7	0	+6
非改選	58	20	8	13	6	8	3	10

参院の新勢力

自民	その他	自由	社民	公明	共産	民主
102	30	12	13	22	23	47

(注)獲得議席数と非改選数を足した数字

後継、小渕氏ら浮上

首相「すべて私の責任」 きょう進退表明

投票率58・84%

前回に比べ14ポイント強上昇

訪仏と訪米 首相、中止へ

（出所）日本経済新聞朝刊1面 1998年7月13日

図表2-5　参院選（1998）日経による党派別の予測議席数と選挙結果

調査対象数（回収率）	日経の予測議席			選挙結果		
	37,600（60%）			計	選挙区	比例代表
	計	選挙区	比例代表			
自民	**60**	44	16	**44**	29	14
民主	**22**	10	12	**27**	15	12
公明	**10**	2	8	**9**	2	7
社民	**4**	0	4	**5**	1	4
共産	**12**	5	7	**15**	7	8
自由	**3**	0	3	**6**	1	5
さきがけ	**0**	0	0	**0**	0	0
新社会	**0**	0	0	**0**	0	0
二院ク	**0**	0	0	**0**	0	0
その他	**0**	0	0	**0**	0	0
無所属	**15**	15	0	**20**	21	0
計	**126**	76	50	**126**	76	50

（出所）著者作成

日経リサーチは予測に失敗した5選挙区を選び、情勢調査の同じ対象者に追跡調査を実施し、日経が「投票日の直前に『反自民』高まる」と報道。主な知見を整理しました。

① 1週間前の調査時点で投票先を決めていない態度未定率の全国的な上昇傾向。92年34％、95年40％、今回98年では49％と約半数に達した。
② 調査時点で投票先を回答した対象者は、投票先をほぼ変更しなかった。
③ 調査時点の態度未定者の半数以上が、野党に投票した。
④ 直前に投票先を決めた割合は59％に達し、1週間前は38％であった。
⑤ 投票先を決めた理由の30％が「ほかに適当な候補がいなかった」であった。
⑥ 追跡調査の対象者の約20％が、誰に投票したか「思い出せない」と回答した。

ある程度は投票行動が判明したのですが、次の予測モデルに使える原因は確定しません。1億人の有権者には投票者と棄権者の2種類があり、投票者は「固い層」から「柔らかい層」まで分布しています。固い層（古層）は動かず堆積。その上に柔らかい層（表層）が乗り、風に吹かれて浮遊するイメージがあります。

この失敗を契機として、各社は公示直後の序盤調査と、投票日直前の終盤調査の2回調査を実施するようになりました。しかしその後の選挙では、序盤と終盤の傾向が大きく変化したことはありません。

1960年までに確立した予測方法は20年後の79年と、そのまた20年後の98年に大失敗。しかし20年に一度の予測失敗の原因は、やはりよくわかりません。ここで「わからない」というのは無責任に聞こえると思いますので、多少の弁明をしなければなりません。

主観的には橋本内閣の経済政策の失敗が原因のように思います。仮に多くの投票者がそのように感じて投票したのなら、なぜ選挙調査の結果にその傾向が出ないのか、わからないのです。

というのは、ほかの選挙では調査結果に反映しているからこそ予測に成功しているのです。なぜ98年だけそうなるのか。調査後から投票日までの1週間の間に変化したとの説明もありますが、いつの予測でもその期間を見込んで予測しているのです。2回とも与党敗北を間違えていますが、敗北の選挙は予測できないのか。もちろん敗北を正しく予測した選挙はあります。課題は後世に残したままです。「有権者おそるべし」です。

現在まで「戦後三度目の大失敗」は起きていませんが、2021年は「20年に一度」に相当する総選挙となります。本書執筆時点では結果が出ていません。読者の皆さんは、どのような結果をご覧になるのでしょうか。

なぜ選挙予測をするのか

公職選挙法は人気投票の公表を禁止しています。人気投票と情勢調査は異なるという解釈があるものの、公選法を根拠にマスコミの選挙予測報道を規制する動きは常にありました。1992年にも自民党が規制法案の提出に動きました。ここでは見送られましたが、翌年に規制条項を含む公選法改正案を提出。最終的に規制条項は削除されましたが、政治家には根強く規制をしたい意向があります。

2017年11月17日の国会では、情勢報道に関する質問に対して、安倍首相は人気投票の禁止と報道の自由を踏まえ「各選挙における報道を自らの判断により行っているものと考えている」「人気投票の公表の禁止のほかに新たに制限を設けることについては、報道の自由との関係を含め、必要があれば各党各会派において十分に議論していただくべきものと認識している」との見解を表明しています。

もしマスコミによる選挙情勢の「調査」を禁止したらどうなるでしょうか。それでもマスコミは選挙情勢を報道します。情勢調査を実施していない時代にも選挙情勢を報道していました。全国の支局網で選挙区を歩いて風を読むなり、各党の選対本部に聞くなり取材手段はあるでしょう。予測調査はしなくても報道はします。しかし報道するのであれば客観的・科学的に正確な報道をしたい。予測を間違ったら、報道機関への信頼が揺らぎます。

それでは「調査」の禁止ではなく、マスコミによる「報道」そのものを禁止したらどうなるでしょうか。それでも予測調査は実施されるでしょう。マスコミが調査するのではなく、資金力のある政党なら全国規模で情勢調査を実施できます。そして結果は公表されません。選挙運動を展開するために政党で利用されます。有権者には全体情勢が見えません。

選挙に関する情勢は報道されるべきであり、可能な方法で正確に予測されるべきでしょう。そのうえで選挙結果がどうなるかは、有権者の投票行動に委ねればよいのです。

選挙調査は世論調査ではない

選挙調査は世論調査と同じ形式で実施されるので、よく混同されます。選挙調査を世論調査と呼ぶ事例も多いのですが、両者は異なります。

第一に母集団が違います。世論調査の目標母集団は有権者で、選挙調査の目標母集団は投票者です。投票率が100%であれば両者は一致しますが、現実には大きく異なります。世論調査は有権者全体の意見の把握に努めます。興味がないといわれても、拒否されても世論調査への協力を求めるのはそのためです。選挙調査の目的は予測なので、棄権者の情報は直接には不要です。

第二に信頼性と妥当性です。この用語は調査の分野では、日常的な言葉の意味とは異なる定義がされています。いくつかの定義の種類がありますが、ここで使う定義を簡単に説明します。

「信頼性」は同じ方法で調査すれば、同様の結果を得られる、再現できるという測定の安定性を意味します。一方、「妥当性」は、測定したい概念（たとえば世論という概念）を意図したとおりに正しく測定できているという性質です。

ちなみに信頼性や妥当性があるかという検証や計算は、定義にもよりますが、一般には妥当性のほうが証拠を示すのが困難です。

さて、世論調査は有権者をよく代表していなければなりません。調査結果を「世論」として報道する限り「世論とは何か」という問題も避けられません。「世論調査の結果が世論である」と定義をしても、測定したい世論概念が測定されているかという妥当性の問題を背負います。「そんな調査結果は世論を反映していない」という批判は比較的容易にできる場合が多いでしょう。世論調査では妥当性を軽視できません。

ところが、選挙調査では妥当性を問いません。予測できるのであれば、質問事項は投票先ではなく旅行先でもかまいません。妥当性を重視しない。無視しているといっても過言ではありません。

予測にとって大切なのは測定の信頼性です。信頼性を確保するために同じ調査方式を堅持します。回答者はウソをつくかもしれませんが、それもかまいません。重要なのは選挙のたびに同じように調査をし、同じようにウソをつく人々が存在することです。繰り返し測定をしても予測に関係する指標が安定していること、つまり信頼性が高いことこそが予測にとって「よい調査」なのです。

質問方法を変えれば結果も変わるので、調査のたびに変更してはいけない。ある政党の調査支持率は得票率と違う。得票率と一致しないから悪い調査ではなく、いつも同じように一致しない調査が信頼性の意味で「よい調査」なのです。

選挙調査には「投票に行くか」という質問があります。「行く」との回答率は9割近いのですが、妥当性の観点からは投票率を反映していないので悪い調査かもしれません。明らかに有権者の縮図ではありません。

しかし割合は安定しています。「行く」と回答した人が必ず行くとは限りません。「行かない」と回答した人が実際にはある割合で行きます。ウソ回答なのか、回答の揺らぎなのか、この現象の呼び方は様々です。重要なのは全体の割合（周辺分布）が安定していること、信頼性の高い調査であることです。以上は一例ですが、選挙調査データの性質をよく知ることが、予測モデルの構築に役立ちます。

第三に調査結果の表現が違います。世論調査では結果の数値をそのまま公表します。有権者から無作為抽出した確率標本に対して、科学的手順で測定した結果が世論です。若年層の回収率が低いからといって、母集団に合わせて重みをつけた集計はしません。若年層の構成比が低くて、若者の意見を適切に反映していないことも同時に伝えます。しかし選挙調査では、候補者の調査支持率を公表しません。公選法への配慮だけでなく、数字には誤差があり、誤解に導く危険性があるからです。

選挙調査は世論調査の品質保証か

最後に、世論調査の品質は選挙予測の成功によって実証されるという議論に注意したいと思います。政治家が世論調査の結果に関心を寄せる理由は、それが選挙の勝敗と結びついていることもあります。世論調査データは選挙予測に有効に使えるのですが、同じではありません。予測モデルによって生の数値は変換されています。選挙調査のデータは投票者集団を代表していますが、世論調査は有権者を代表すべきです。

ある「有識者」が週刊誌で対談している記事を読みました。マスコミの世論調査は「世論操作」であり、新聞記者時代に調査結果の数字を調整しているのを見た。そういう「暴露」をしていました。

専門家でなければ、この有識者の誤解を見抜けないでしょうが、この有識者が見た現場は世論調査ではなく「選挙調査」です。予測モデルでも検討会議でも未来の真の値に向かって数値を変換します。有識者でさえ、世論調査と選挙調査を同一視しているのです。

世論調査のデータを分析すると、投票者のデータと似ていることがわかります。本来、世論調査は投票者ではなく有権者に似ているべきです。有権者の属性分布は国勢調査で知ることができます。しかし投票者の詳しい属性分布は、選挙管理委員会から発表されていません。「明るい選挙推進協会」では若干の分析結果を提供していて、投票者という集団について情報を得ることができます。

世論調査の回答者集団について、国勢調査で知られている有権者と比較すると、いくつか偏りがあります。たとえば年代分布です。世論調査のデータは若者の構成比が低いのです。

では、投票者と比較するとどうでしょうか。簡単な属性として年代分布を比較します。投票者でもやはり若者の構成比が低いのです。年代分布の状況に関して似ているのです。

これは何を意味するでしょうか。世論調査や選挙調査に協力しない人々は選挙に行かない可能性を示唆しています。世論調査データは有権者から偏っているのですが、その結果として投票者に近似しているということです。選挙調査の調査項目に「選挙に行くか」という質問があり、行くという回答がいつも90％近くに達するのも証拠のひとつです。選挙調査から投票率を予測することは難しいということが想像できるでしょう。

結果的に選挙調査は、母集団である投票者をよく代表していることになります。それは望ましい結果です。しかし世論調査ではそういう論理にはなりません。世論調査はすべての有権者の意見分布を把握するのが目的ですから、あくまでも有権者を代表すべきです。それは有権者の皆さんが選挙において、投票し棄権すべきでない、という論理にも対応していま
す。

〈主要文献〉


小西貞則（1988）．ブートストラップ法による推定量の誤差評価（In村上征勝・田村義保編『パソコンによるデータ解析』）．朝倉書店．

鈴木督久（2003）．モンテカルロ法による衆院議席予測精度の検討．オペレーションズ・リサーチ，平成15年1月号，第48巻，第1号（通巻505号）．日本オペレーションズ・リサーチ学会．

鈴木督久（2010）．選挙における調査と予測報道．心理学ワールド（49）．日本心理学会．

林知己夫・高倉節子（1964）．予測に関する実證的研究―選挙予測の方法論―．統計数理研究所彙報，12（1）．統計数理研究所．

第 3 章

誰に、何を、どう尋ねるのか

——世論調査の現場

どこまでの誤差を許すのか

本書冒頭で登場した姉弟、またお姉さんが弟に尋ねています。

「世論調査って有権者の何割くらいの人を調べているの？」

「さあ、新聞社では何割ということでなく、千人くらいの調査が多いね」

「エッ！　たった千人？　そんな調査結果は正しいと信じられないでしょ」

「テレビのコメンテーターも、世論調査について『有権者は1億人もいる。信頼できない』と言ってたけどね」

「そうよ、その意見に賛成！」

「うーん、高校で先生から教わったけど、理論的には問題ないと勉強したよ。少し難しいけど、なるべく簡単に説明するね。聞きなれない専門用語が出てきたら日経リサーチのWEBサイトにある調査・統計用語集などを参考にしてみるといいよ」


世論調査の現場には多くのプロセスがありますが、そのうち次の3点は特に重要です。

①　誰に調査するのか

②　何を質問するのか
③　どう回答を得るか

マスコミ各社の世論調査の多くは２０００人前後の回答者数ですが、こんなに少ない人数にしか調査しないで、1億人もいる有権者の意見だと報道していいのでしょうか。冒頭のお姉さんの疑問ばかりか、テレビのコメンテーターでさえ問題視しています。しかし、弟さんは知っています。それでいいのです。

マスコミ各社は世論調査結果に求める統計学的な精度（許される誤差の程度）を計算して標本サイズを決めています。理論的説明は省略して結論から述べると、誤差の大きさを「95％信頼区間」という指標で評価します。

有権者全体の内閣支持率は未知ですが、１０００人の世論調査結果として内閣支持率が50％となった場合、プラスマイナス3ポイント程度の誤差があると考慮して結果を解釈します。このプラスマイナス3ポイントが「信頼区間」です。

高等学校で「信頼区間」を学んだ弟さんは知っていました。先生も教室でマスコミ世論調査の事例を説明しました。お姉さんの時代と違って、学習指導要領が変わったのです。社会のデジタル化が進み、ビッグデータが身近にあり、統計学やデータサイエンスが必要となる裾野が広がって、高校生から必要な知識になったのです。「信頼区間」はそのうちに「聞いたことはある」となるでしょう。

世論調査の記事を読むと、調査結果の支持率などの割合（％）は整数で表示されています。小数点以下まで計算したほうが、情報の量が多くて精密ではないかと思われるかもしれませんが、四捨五入して丸めてあります。それには理由があります。字数の節約のためではなく、理論的な理由があって、積極的にそうしているのです。

最初に「誤差を考慮している」と述べました。1000人の世論調査の結果にはプラスマイナス3ポイントの誤差があるのです。その誤差の大きさを考慮すると、小数点以下の大小を解釈することには、意味がないばかりか、誤解を招くだけだということになります。

前月の内閣支持率が50％で、今月51％になった場合も新聞記事では「支持率、横ばい」と表現されていて「支持率が1ポイント上昇した」とは書かれていません。1ポイント程度では「増加」との解釈は統計学的に断定できないからです。それは「誤差の範囲」ということです。

1ポイントの増減を「統計的に有意な差である」という議論をするには、1万人以上のデータが必要です。回答者数（標本サイズ）が大きいほど誤差は小さくなります。しかし10

倍の調査規模にすれば、調査コストも増えます。いまは世論調査を毎月実施していますが、1万人調査となれば毎月実施する予算はありません。マスコミとしてはニュースが大事なので毎月実施したいのです。

それだけの理由ではありません。そしてこの理由のほうが本質的なのですが、1ポイントの精度が果たして必要でしょうか。調査やデータの精度は、その場面や目的と予算との関係で判断されます。生命に関わるような場面では必要かもしれません。しかし意識の分布を把握する世論調査で1ポイントの違いが必要でしょうか。ましてや小数点以下の議論をするでしょうか。マスコミ各社は、その精度は必要ないだろうという判断をしているのです。その結果、マスコミ各社は2～3ポイントの誤差を許容して、2000人前後の規模の世論調査として標本設計をしたのです。

「誤差」については、世論調査だけでなく、統計的な標本調査の結果を議論する場合に、感覚を身につけておくべき教養です。

たとえば、身近な例があります。新型コロナ感染症の防止対策の影響で、労働力調査が注目されています。完全失業率などが新聞で毎月報道されています。「2021年4月の完全失業者数は209万人で、前月より20万人増、15カ月連続増加」と発表されました。

ここで２０９万人としているのは、１０００人以下は有効桁ではないからです。労働力調査も10万人の標本調査です。統計的な標本誤差があり、日本全国に拡大推計した場合の、有効桁数を理論的に計算して１０００人以下の単位は丸めています。このような公表の仕方は、世論調査の支持率が整数に丸めて発表されていることに対応しています。

理論と現実の間には……

ところで「信頼区間」という統計学の理論を持ち出して、マスコミ世論調査がいかに立派に設計されているかを説明したところですが、現実には難しい問題があります。そもそも理論を安心して使うために、重要な前提があります。理論的な誤差を計算できる条件です。

第一に、有権者から調査対象者を選ぶ方法です。これは「確率的に選ぶ」ということです。そうしないと誤差の計算はできません。十分にわかりやすい説明ではないとは思いますが、世論調査の場合は、すべての有権者を同じ確率で選びます。プロローグで「一生のうちに調査対象者として何回くらい選ばれるか」という話題を出しましたが、その標本抽出は理論に合致したやり方で実行しました。

それでは、「確率的でない選び方」とは、具体的にはどのような調査があるでしょうか。

これもプロローグで紹介しました。ＮＨＫの番組でやっていた若者調査です。もし若者を対象とした世論調査なら、母集団を定義します。たとえば「都内在住の20歳代」など知りたい対象を決めます。そして全員を確定して、同じ確率で１００人を抽出します。

しかし、そうなってはいません。その日の調査時間帯に在宅していた若者は、調査対象者として決して抽出されません。

もちろん、あの調査は若者を対象とした調査ではないと主張することはできます。「その時間帯に渋谷駅前の周辺にいた若者」と母集団を定義すれば、どうでしょうか。その場合は、誰をどのように選ぶかが問題です。目と目があって協力してくれそうな若者にマイクを向けたのであれば確率抽出ではありません。定義した時間帯と区域帯にいる全員に同じ確率を与えなければいけません。嫌がる若者にも、急いでいる若者にも「確率抽出されたのだから協力して下さい」としつこく回答を依頼するのです。ＮＨＫはそのような依頼をしていないでしょう。理論的に誤差を算出できる世論調査は、そういう督促・依頼をしているのです。

繰り返しますが、ＮＨＫの若者調査を批判しているのではありません。日経にもこのタイプの調査はあります。調査の目的が違うのです。街頭に出ている若者の生の声を聞きたい。

どのくらいの人出かという映像を撮りたい。番組としては場面が欲しいときもあります。調査もしましたが、若者に一般化するための定量調査ではなく、そういう若者もいたという「ケーススタディ」です。批判されるのは、調査結果を東京の若者に一般化した実証的な標本調査だと主張したときです。

第二の前提は、回収率です。信頼区間を含めて統計学の理論が前提としているのは、回収率100%のデータです。本書では回収率に何回も言及しますが、ここでも出てきました。プロローグの標本抽出は、コンピューターの中のシミュレーションだから完全にできたものです。そして回答を依頼したのではなく、ただ計画標本を用意しただけです。現実には回収率100%のマスコミ世論調査など、この日本に存在しません。

それでは「机上の理論なんか、最初からこだわらなくてもいいのではないか。どうせ理論通りにはできないんだから」。そんな声が聞こえます。しかし、マスコミには世論調査として報道する責任があります。理論のとおりの結果にはなりませんが、計画はできます。現実が理論どおりでなくても、理論からの逸脱や乖離を把握できるのは、基準としての理論から出発したからです。最初から基準がなければ乖離しているのか、どの程度の逸脱なのか、まったく手がかりさえありません。回収率が低くても、その状況さえもが、重要な情報なのです。

「信頼区間」について最後にひとこと――。実は難しいのです。計算は簡単なのですが、ある意味で難しいのです。最初に「95％信頼区間」と書きましたが「95％」はどこに消えたのでしょうか。95％は「信頼率」という概念です。冒頭に出てきた弟さん、高校で学んだ「95％信頼区間」をお姉さんに教えました。「95％の確率でこの区間に真の内閣支持率が含まれている、ということだよ」と。これが間違っているのです。

私も昔むかし、そうなのだと思っていた時期があります。弟さんの高校には統計教育に熱心な先生がいて、これからは統計学が重要な時代だと励ましてくれて、弟さんは自分でも勉強して信頼区間をそう理解したのでしょう。

「95％」は確率ではないから信頼率と呼ぶのです。しかし、本書にとってはマニアックな話題なので、「信頼区間」の正確な解説は統計学のテキストに譲りたいと思います。

電話調査の相手をどうやって選ぶのか

日経の電話世論調査の場合は、以下の手順で調査対象とする標本番号を選びます。

① すべての可能な電話番号約4億6000万を枠母集団として用意

② 枠母集団から約1万3000の電話番号を無作為抽出
③ ここから使用されていない番号を除去（電話せずに検査システムが信号で判定）
④ 使用中の番号として残った約5000の番号に電話して有権者の番号かを確認
⑤ 電話して判明した企業用番号などを除く約2000が計画標本
⑥ 計画標本のうち調査に協力してくれた回答者が集計対象で、近年では平均的に1000人程度

電話番号は総務省が「電気通信番号制度」に基づいて、局番の一覧を公表しています。ひとつの局番に1万個の電話番号が存在します。標本抽出にあたっては常に最新の局番情報を利用しますが、近年では固定電話と携帯電話それぞれ約2億3000万個です。これが「すべての可能な電話番号」です。

電話番号は利用状況を把握しながら逼迫しないように余裕をもって指定されています。そのため6割強は「現在使われていない」番号です。さらに使用番号の約6割が企業用や通信用等で、有権者世帯の会話用ではありません。世論調査にとって対象となる番号を「適格番号」、非使用や企業用など、対象ではない番号を「非適格番号」と総称します。

電話調査における確率標本抽出法をＲＤＤ（ランダム・デジット・ダイヤリング）といい

ます。直訳すると「乱数番号に電話する」という意味になりますが、電話をかける手順というより、電話調査法の呼称として広い範囲の内容を含みます。ＲＤＤは定義された母集団から標本とする番号を無作為抽出して調査を実施する方法の全体です。

戦後の標本調査では、選挙人名簿や住民基本台帳から有権者を無作為抽出する方法が確立されたので、標本の無作為抽出といえば、紙の台帳をめくって抽出する作業をイメージする人も多いと思います。そのためＲＤＤが非常に特殊な、まったく違う作業手順のような印象を与えました。

たしかに人間が台帳のページをめくるアナログな作業と、コンピューターのプログラムがあっという間に抽出する仕組みとでは風景そのものが違います。ＲＤＤを「コンピューターが勝手に数字を組み合わせる」というような説明をしている例を見たことがありますが、このような説明をする人は、おそらく無作為抽出という意識が希薄ではないかと考えられます。「抽出」しているのであって、「組み合わせている」のではありません。結果は同じですが、どこかで勘違いしているのかもしれません。

統計学が要請している標本抽出理論・原理は両方とも、紙でもデジタルでも本質的に同じです。現象的な手順は違っても、理論を実践する姿が違うだけです。それが納得できたとき

ＲＤＤが理解されたといえます。選挙人名簿であってもデータベース化された枠母集団からの無作為抽出をすることも可能ですし、電話番号でも印刷した台帳をめくって抽出作業をする状況を想定できます。

実際、かつて電話帳から抽出する時代がしばらくありました。もしもすべての有権者の電話番号が電話帳に掲載されているのであれば、住所も氏名もそろった便利な台帳ということになります。その時代は長くは続きませんでした。電話帳に掲載しない人々が年々増加していきました。個人情報保護法の影響もありましたし、携帯電話の普及も大きな環境変化です。

マスコミ各社は調査員による訪問調査から、電話調査へと転換したものの、電話帳を枠母集団として使えなくなったと判断し、ＲＤＤに移行しました。ＲＤＤなら電話帳に掲載していない有権者も含めて、電話契約者であればすべて調査対象者としてカバーでき、さらに好ましい性質として個人情報をまったく利用する必要がないのです。全国の世論調査であれば住所の情報も、抽出には必要ありません。

日経でもＲＤＤを研究して、先述したような手順を確立しました。実は、ＲＤＤといってもやり方はさまざまで、マスコミ各社でも細部は異なります。ＲＤＤの最大の特徴は、非適格番号を含む割合が高いため、それをいかに効率的に取り除くかという課題を抱えていることでした。この課題に対する対処法が各社で違います。

日本では非使用番号を事前検出できるシステムがあり、これを利用することで効率化問題は大部分が解決しました。日経では複数回の実証実験で諸課題を確認したうえで、カバレッジ誤差が最小である単純無作為抽出法を採用しました。

マスコミは質問事項をどう決めているのか

世論調査の結果を報道すると、各方面からときどき批判されることがあります。「質問文が誘導的ではないか。それはマスコミの立場を利用した世論操作を意図した行為ではないか」という趣旨です。一定の意図をもって、特定の世論へと誘導するために質問文を作成することはないと信じますが、結果として誘導的な質問文となっていることがあります。

「世論」という言葉は中国語が由来となっていますが、パブリック・オピニオンの現代日本語です。特に戦後民主主義を背景とする概念です。世論調査という意味で使われる現代中国語は「民意測験」です。民意つまり「民衆の意見」あるいは意識の測定です。調査による意識測定の難しさは「ことば」で測定する方法に起因します。当たり前だと思うでしょうが、実際のモノの長さや重さの測定と比較すれば、人間の意識の測定の難しさが納得できるでしょう。

「曖昧な質問」には曖昧な回答が戻ってきます。厳密な限定をするために説明すれば長い質問文になります。テーマに関して暗黙の前提が共有されているか否かの影響を受けます。社会的「望ましさ」に影響される建前と本音の違いが露出する質問内容もあります。そして人間にはウソをつく能力もあります。

多くの点からチェック機能を有効にするために、各社とも一人の企画者だけで質問文を作ることはありません。日経の場合は政治部と日経リサーチが相互チェックします。テーマの選択と調査法の立場による確認という関係です。関係する複数部署で会議を開いて検討する社もあるようです。有識者からは第三者組織（監視機関）による事前チェック機能をもたせる提案がされたこともあります。

誘導的な質問になりやすい事例は、たとえば難しい経済政策に対する質問です。有権者がみな今国会で焦点となっている政策の法案内容を知っているわけではありません。増税のように関心の高い政策でさえ、背景説明は必要になります。説明を増やすと前提を示すことができると同時に、誘導的になりがちです。しかし故意の誘導ではありません。バランスが重要です。

内閣・政党支持率についてでさえ、有権者は常日頃から考察しながら生活していません。いきなり電話がかかってきて、しかも難しい質問をされたら、「売り言葉に、買い言葉」のような反応を返すだけになります。10分間の世論調査で測定できる限界というものがあります。結果の解釈をする場合もそのような認識が必要です。「たかが世論調査」です。しかし「されど世論調査」なのです。

世論調査は継続性が重要なので、いくつかは固定された質問があります。過去に実施したテーマは、できるだけ同じ質問文にします。そのため質問文のデータベースも管理していきます。時代背景が変化するので、同じ質問文にできない場合もありますが、世論が「変化」しているか否かが重要な場合は多く、同じ質問文で測定することは重要なのです。質問文を変更すると、「意見が変わった」という主張が弱くなります。質問文が違うせいだと反論できる余地があるからです。「厳密には比較できないが参考までに」となってしまいます。

抽象論はこれくらいにして、実際の質問をみましょう。マスコミ各社の過去の質問項目はWEBサイトで確認できますが、日経では調査開始以来のすべての調査結果が、質問文・動的グラフとともに日経電子版の「日経世論調査アーカイブ」に整理して掲載されており、日経読者であればすべて閲覧できます。日経の２０２１年１月調査の質問項目は以下です。

①内閣支持、②支持（不支持）理由、③政党支持、④首相に優先的に処理してほしい課題、⑤新型コロナウイルスへの政府対応の評価、⑥緊急事態宣言発令について、⑦緊急事態宣言の延長について、⑧店舗へ要請の強制力を高める法改正、⑨感染者入院拒否に対する法改正、⑩五輪の開催時期について、⑪今後の日米関係はどうなる、⑫バイデン新政権との間で期待する政策、⑬次の首相にふさわしい人

内閣・政党支持と首相に処理してほしい課題（①〜④）までは固定された質問です。それ以降は、その時点で関心の高いテーマを選び、毎月異なる場合もあるし、数カ月間ほど継続をする質問もあります。電話調査なので、調査対象者を長い時間拘束することを避けますから、質問数は10個程度と、できるだけ少なくします。調査対象者に協力をお願いする場合も、プロローグで紹介したように最初に分量と時間の目安を伝えます。

実はこのほかにも質問項目があります。性別・年代・職業です。これは調査結果の分析に使います。意見や意識は、性別や年代によって異なることが多いので重要な質問です。支持率とのクロス集計をすることで、違いを明らかにできます。

さらに、世帯内の有権者数を質問します。最後に通話で利用している電話回線数（固定・

携帯）も質問します。有権者数と回線数を聞く理由は後述します。

調査票は世論調査にとっては民意の測定装置です。体重や脳波などの物理的測定装置と同じです。繰り返し強調しますが、意見や態度の測定は「ことば」を通じて測定します。質問文によって結果が変わるので、質問＝調査票の設計は想像以上に重要です。

質問文は「測定刺激」、その結果として得る回答を「反応」といいます。刺激を変えると反応が変わります。

一般論を述べるよりも、具体的な実例で確認しましょう。

選択肢の作り方を変えると、回答数値が変わる

2021年に新型コロナウイルスの感染が急速に拡大し、政府は2度目の緊急事態宣言を発出しました。

20年から延期された東京オリンピック・パラリンピックは開催できないのではないかという観測が広がりました。そこで新年早々、各社が東京五輪問題を世論調査のテーマとして取り上げます。まず各紙の見出しから確認しましょう。

朝日（1月25日）：五輪「今夏開催」11％
読売（2月8日）：五輪「開催」36％「中止」28％
日経（2月1日）：東京五輪、感染拡大なら「中止やむなし」46％
東京（共同）（2月8日）：五輪中止・再延期80％超

朝日は今夏の開催は、大多数の意見として「なし」の印象です。逆に、読売は開催寄りの印象を受けます。一方、日経は中止が多数。東京は圧倒的に中止・再延期の意見が多いとの印象です。開催から中止まで、正反対で意見が割れているようですが、実はそうではありません。この違いは質問文と選択肢の違いによるものです。

では、各社の質問文と選択肢を比較しながら内容を検討しましょう。

印象が逆であった朝日と読売の質問文は「あなたは、（今年夏の）東京オリンピック・パラリンピックをどのようにする（どうする）のがよいと思いますか」で、ほとんど同じです。読売の質問文は括弧部分が違うだけで、この影響はないでしょう。しかし選択肢が違うのです。朝日は3択で読売は4択でした。そのうちの後半2択「再び延期する」「中止する」は一字一句違いなく、まったく同じです。両社の違いはただ一点のみ。「開催」の仕方でした。

朝日は「今年の夏に開催する」（11％）の1択ですが、読売は「観客を入れて開催する」（8％）と「観客を入れずに開催する」（28％）に2分割したのです。細部をみると、朝日の質問文には「今年夏」という説明がなく、選択肢に入れて明示していますが、これは影響しないと考えられます。両者ともに、質問文か選択肢のどちらかで「今年夏」を入れており、再延期を想定する余地がないように制約を与えたことになります。

読売は、観客の有無で分割した「開催」選択肢の合計である36（8＋28）％を見出しにとったのです。朝日の「今年の夏に開催する」11％に対しては、読売の「観客を入れて開催する」8％が対応すると考えられます。

朝日の回答者の多くは、観客を入れた開催を想像して回答したのではないでしょうか。この選択肢の個数の違いの影響を受けて、ほかの同じ選択肢の回答値が変わっています。もちろん、選択肢が3個しかない朝日の数字が高くなるのです。「中止する」（35％）は13ポイント、「再び延期する」（51％）は18ポイントも朝日のほうが高くなりました。

この絶対値の比較は意味がありません。朝日と読売ともに「再び延期する」が「中止する」よりやや高いという傾向は同じだという結果に意味があります。この傾向に違いがあれば、その時には詳細な検討が必要ですが、両者ともに有権者の無作為抽出標本に対する電話調査という、同じような調査管理で実施している証拠を示していると考えられます。

このように質問文が同じでも選択肢の提示方法が違えば、同じ選択肢に対しても異なる結果をもたらします。そして、このような調査結果の違いに対して「マスコミが誘導的に世論操作している」との批判が出ます。しかし、同じテーマの世論を探る場合は、各社が違う選択肢で調査したほうが、得られる情報が多い場合もあります。

東京（共同）と朝日の選択肢はほぼ同じです。質問文に関しても大きな違いがありません。東京（共同）が「あなたは、延期された東京五輪・パラリンピックを今年夏に開催するべきだと思いますか」という質問文で、「開催するべき」と限定している部分が異なりますが、朝日の「どのようにするのがよいと思いますか」と比較しても、この程度の表現の相違がもたらす影響は小さいところです。

選択肢の質問文も、東京（共同）は「～するべきだ」という末尾になっていますが、意味は同じですから、回答分布は朝日と同じ傾向を示しています。東京（共同）と朝日の印象の違いは、調査結果の数字ではなく、見出しをどこからとるかです。朝日は11％という「開催」の少なさを強調し、東京は「中止（35％）」＋「再延期（47％）」で80％超の多さを訴えたのです。もちろん朝日も80％超です。同じ調査結果の違う側面を見出しにとったということです。

これもまた、同じ数値から違う見出しを選択したことで、誘導批判の対象となることのある事象です。しかし別の立場からみると、同じ調査票で世論調査を実施すれば、似たような結果になるという安定性を確認できる好例です。

日経の選択肢も3択なのですが、質問文は「今年の夏に予定している東京オリンピック・パラリンピックの開催時期について、あなたの考えにもっとも近いものを1つだけお答えください」で「開催時期について」と限定しています。「あなたの考えにもっとも近いものを1つだけお答えください」という説明を入れたのが独特です。他社よりも質問文が倍近く長いのも特徴です。

選択肢もまた他社とは大きく違います。「感染対策を徹底して予定通り開催すべき」（15％）、「感染拡大が続くなら再延期もやむを得ない」（36％）、「感染拡大が続くなら中止もやむを得ない」（46％）というように「感染対策」「感染拡大」という前提条件を強調しています。日経の「中止」が46％と他社よりも突出して高い数値となった要因は、感染拡大の継続という状況設定を前提として質問したためと考えられます。

質問文や選択肢の設計で、説明を増やして厳密化すると誘導的になり、逆に減らして簡潔にすれば曖昧化をもたらすこともあります。あるいは前提条件の有無などによる測定刺激の違いが反応を変えるのです。

各社は質問文を複数の関係者によって議論して作りますが、新しく出現した事態や流動的テーマの場合は観点が多様化します。また、経済問題は各社の違いが比較的少なく、外交・安全保障問題では違いが顕著となりがちです。

特に憲法の非戦条項と集団的自衛権の関係など、複雑な問題を世論調査で扱う場合には、測定の難しさが顕在化します。次に、外交問題、自衛隊の海外派遣問題を扱った実例を確認しましょう。

何をどこまで説明するかの違いでも、回答数値が変わる

2001年9月11日、NHKは米国における同時多発テロ事件をリアルタイムで中継しました。状況を伝える現地記者の背後に見えるニューヨークの世界貿易センタービルの南棟に、2機目の旅客機が激突する瞬間を視聴者は目撃します。そこは富士銀行のフロアで、多数の日本人犠牲者を出しました。衝撃と緊張が走り、小泉純一郎首相は米国支援を表明しま

した。各社は9月末には世論調査を実施し、日本政府による米国支援の賛否を問いました。各紙とも調査結果を一面で扱いましたが、見出しの印象は異なります。焦点としたテーマについても二分され、日経と読売は米国への協力支援を、毎日と朝日は自衛隊派遣を選択。一面の各記事がストーリーを構成し各紙の主張が見えます。

日経（9月25日）：「後方支援」賛成が70％
読売（9月26日）：対テロ「米に協力」87％
毎日（9月26日）：自衛隊派遣63％支持
朝日（10月1日）：自衛隊派遣 賛成42％ 反対46％

まず、緊急的なテーマであるために、説明すべきことが多くあります。このため各社ともに質問文が長いのが特徴です。

日経は「米国で同時テロが発生し、米国は大規模な報復攻撃に踏み切る方針です。日本政府は貢献策として、自衛隊を活用して輸送・補給・医療などに限って米軍などに協力する方針を決めましたが、どう考えますか」としました。これだけ長い質問文は稀有です。

読売は「日本はこれに積極的に協力すべきだと思いますか、ある程度は協力すべきだと思いますか、それとも協力すべきでないと思いますか」とやや文章が短いのですが、これには理由があります。読売はテロ関連の質問項目として7個を作り、事件について「関心」の有無、「不安」の程度、テロ防衛の「体制」の整備――という具合に、順番に7つの側面に分けて、続けて質問しています。「これに積極的に協力すべき」という質問文になっていることからわかるように、直前の質問で、「これ」にあたる「米国の軍事行動」に関して聞いているのです。日経ではテロ関連の質問は2個だけです。

日経と読売は米国への支援に対する賛否を見出しにとったのですが、読売は87%と非常に高い数値となりました。これは選択肢の影響です。日経は2択で「賛成だ」(70%)、「反対だ」(23%)ですが、読売は3択としました。「積極的に協力すべきだ」(25%)、「ある程度は協力すべきだ」(62%)、「協力すべきではない」(12%)という結果でした。そして、見出しに使った数値は、「積極的+ある程度」協力の合計「87%」だったのです。これが非常に高い数値に見えた理由です。

ほかに考えられる影響は、7個の質問を順番に並べた影響です。これは多くの説明を盛り込んだ長い質問文を避ける効果もありますが、前の質問が後の質問に影響を与える「学習効果」と呼ばれる現象を発生させることがあります。読売のこの事例だけで学習効果を定量的に示すことは難しいのですが、この質問方法も「誘導的だ」という批判を招くことがあります。

毎日と朝日は、小泉首相が米国の後方支援で自衛隊派遣を表明したことへの賛否を見出しにとりましたが、毎日は支持63％なのに、朝日は賛成42％と大きく違います。

これは、選択肢ではなく質問文が原因です。毎日の質問文は「小泉首相は、後方支援を行う自衛隊の派遣を軸とした米国への協力を表明しました。この方針を支持しますか」と短いのですが、朝日は以下のように、毎日の2倍以上の長さの質問文でした。

「アメリカへの協力の一環で、小泉首相は、アメリカの軍隊を後方支援するために、新しい法案を作り、自衛隊を派遣する方針を打ち出しました。実施されれば、国連の活動を除き、初めての自衛隊の海外派遣になります。あなたは、自衛隊の派遣に賛成ですか。反対ですか」

選択肢は両社ともに2択です。毎日は「支持する」（63％）、「支持しない」（30％）で、朝日は「賛成」（42％）、「反対」（46％）です。「支持」と「賛成」と用語が違いますが、ここでの選択肢はシンプルであり、結果が異なった原因ではないと思われます。

質問文の長さという物理的刺激だけでなく、内容の意味が影響していると考えられます。朝日の質問文の中には「実施されれば、国連の活動を除き、初めての自衛隊の海外派遣になります」という説明があり、これが毎日との差異であることから影響した部分と考えられます。その影響の程度は、毎日の「支持する」63％という高さに対して、朝日の「賛成」42％という低さとして顕在化しました。毎日と朝日の比較においては、質問文だけが違うと判断できますので、比較しやすい事例です。

ちなみに、朝日と毎日と読売のテロ関連の質問数はまったく同じ7個でした。電話調査で同じテーマで7問を費やすということは、同時多発テロに限定した特別調査あるいは臨時調査ということです。

なぜ「余計な質問」をするのか

電話による世論調査では、世帯内の有権者数と電話回線数を質問します。有権者に等しい抽出確率を与える標本抽出のための情報なのです。調査にとっては、とても重要な内容なのですが、少々ややこしい説明になりますので、興味のない方は読み飛ばしていただいて結構です。

世論調査の対象者は有権者個人ですが、固定電話は世帯契約です。有権者が1人の世帯と2人の場合を考えると、有権者が抽出される確率は2倍の差があります。

一方、有権者が利用している電話回線は1回線と3回線とでは、抽出される確率が3倍も違います。

有権者の抽出確率は世帯内有権者数（A）、世帯の固定電話回線数（B）、個人の携帯電話回線数（C）によって変わります。

固定電話での抽出確率は、1人世帯で固定電話1台の人の［B／A］倍。

携帯電話での抽出確率は、1台の人の［C］倍。

そこで、固定電話または携帯電話で抽出される確率を等しくするために［B／A＋C］の逆数をかけて集計します。厳密には固定電話と携帯電話の両方で抽出される確率を引く必要がありますが、その確率はほぼゼロに近いので無視します。

直感的には、固定電話1台のみで携帯電話を持っていない単身の人は、固定電話が2台あり携帯電話も2台使っている単身の人よりも、抽出確率が低いので重み調整しているということです。

電話オペレーターと回答者――協力を得る難関

プロローグで電話調査会場の様子を見ました。標本抽出と調査票設計は準備であり机上の作業です。一連の準備作業が終わると、いよいよ現場で調査を始めます。このプロセスを調査業界では「実査」といいます。おそらく実地調査の略でしょう。

まずコールセンターに電話をかけるオペレーターが集合します。人数は調査規模によって異なります。調査を始める前にオペレーターに研修をします。主な内容を列挙しましょう。

- 調査実施の心得（マナー、秘密の保護）
- 世論調査とは何かの理解
- 調査のフロー、トークスクリプト
- 対象者からよくある質問と回答
- 電話調査システムの使い方
- 質問文の読み方、協力依頼の仕方

ヘッドホンセットを装着したオペレーターのパソコン画面には、電話調査システムが起動します。標本抽出された電話番号が表示されるので、そこをクリックすると自動的に電話を発信します。回答者が出たら、調査の趣旨を述べたうえで回答の協力をお願いして、質問を始めます。

調査票は調査システムに組み込まれているので、質問文が順番に表示されます。それを読み、調査対象者から回答された選択肢をチェックします。最後の質問まで終えたら、お礼を述べて電話を切ります。

回答データの登録を終えたら、次の対象者に電話をします。こうして調査を進めます。回答データはサーバーに蓄積されるので、調査が終わると同時に調査データが完成します。回答にエラーがないかをチェックしますが、ほとんどのエラーチェックは調査システムで回答を記録する際に実行されています。その場で必要な修正等がされているので、全部の調査が終了した段階で実行するチェックはわずかです。したがって調査が終了すれば、ほどなく集計結果が得られるので、記事原稿を執筆するための準備作業に入ります。調査票は作成されていますから、集計プログラムは事前に準備しておきます。

このように説明すると、かなり迅速に、しかも簡単に調査を進行できるように聞こえるかもしれませんが、調査の現場はそれほど単純ではなく、さまざまな苦労が多いのです。

最初の、そして最大の難関は、調査対象者から回答の協力を得ることです。プロローグにもありましたが、調査対象者からすれば、知らない人からいきなりかかってきた電話です。心の準備もありません。今は詐欺電話も多発していますからかなり警戒されます。

ここでオペレーターが適切に説明して信頼を得るよう会話することが、非常に重要なことです。最初期の段階で躓《つまず》くと、その後のフォローも難しくなります。対象者から出された疑問には、誠実に端的な説明をします。研修では、どのような場面が多いのかを事例で学習しています。

「今は忙しいから協力できないよ」という反応が多いのですが、それで簡単には引き下がりません。「それでは、いつ電話すればよろしいでしょうか」と回答できる日時に再コールする約束をします。単に「改めてかけ直します」と述べて切ってしまうと、次回に電話したら留守だったということもあるので、少ない会話チャンスを大切に活用します。

ほかにもさまざまな反応があります。「どうしてこの秘密の番号がわかったのだ。誰にも教えていないのに日経は何を探っているのだ」「うちは新聞はもういりませんから結構です」「政治のことには答えません」「本当に新聞社がやっている調査なのか証拠を示せ」など、それぞれの事情をたたみかけられて拒否されます。

拒否についても「軽い拒否」から「これ以上依頼したらクレームになる拒否」まで、程度は段階的に異なります。そこを間違えないように管理者も含めて判断します。軽い拒否ならうまく切り返し、誠心誠意こころを込めて説明し、お願いするのです。真心は通じると信じて頑張ります。さまざまな拒否の類型はわかっているので、有効な結果に導く対応トークも研修しています。

しかし、多くのオペレーターがいます。調査対象者にも多様な人々がいます。経験の少ないオペレーターの場合、うまく説明できずにトラブルになることもあります。どうして自分が選ばれたのか、という疑問を投げかけられることが多いのですが、用意している簡単な説明では納得してもらえない場合もあります。電話調査の利点は、その場で待機している管理者が、オペレーターの業務進捗を観察しているために、問題が発生したらすぐに支援できることです。

ただし、あくまでも調査の依頼であり、お願いなのです。強制してはいけません。日本世論調査協会の倫理綱領があり、調査対象者の協力が前提です。ここが法的義務のある政府の基幹統計調査と違います。

回答者が雑談を話しかけてきたら……

全国の有権者を無作為抽出するということは、あらゆる人々の、あらゆる日常の瞬間に接触するということです。調査対象者にとっては、迷惑千万かもしれません。

夜勤明けで寝ている人に電話して叱られることもあるし、お通夜のさなかに電話してしまい、平身低頭お詫び申しあげることもありました。ほろ酔いのお父さんに無礼者呼ばわりされ、時には詐欺師扱いされます。

オペレーターは機械ではなく人間なので、忍耐力と人間力も求められます。世論調査は回収率を高めることが重要なので、多少の拒否があっても簡単には諦めないようにオペレーターは指導されています。しかしトラブルになる前に終わらせる判断も重要です。引き際もあります。

拒否なのか、まだ協力してもらえそうな脈があるのか。判断が微妙なら、後で別のオペレーターが電話すると協力を得られることがあります。このために、担当したオペレーター自身がどのような会話だったかをシステムに記録しておきます。日時を変えてその記録を読んでから、別のオペレーターが電話するのです。

調査対象者と会話できれば趣旨説明やお願いを伝えられるのですが、最近では非登録番号には出ない人も多くなりました。これは門前払いです。日経の世論調査では「非通知」ではなく、調査センターの電話番号を表示したうえで電話します。その電話番号にかけ直して、調査対象者からの問い合わせに対応できるように準備しておきます。

相手が出たと思って、話を始めたら数秒で「ガチャ切り」もあります。このパターンはなすすべがありません。在宅していても、知らない電話番号の場合は留守電を聞いてから判断する人も多いので、趣旨説明と再度電話する旨を吹き込みます。ただし、電話するたびに留守電に吹き込むことは避けます。留守にしている時間が長い場合、留守電が何回も入っているのは迷惑になるからです。できるだけ調査対象者の立場を配慮します。

やっと協力を得ても、すぐには調査を始めるわけではありません。相手が携帯電話の場合は運転中でないか質問し、相手が安全に調査できる環境にあることを確認してから調査を始めます。

固定電話の場合は、調査に入る前に、やや面倒な手順があります。先述したように最初に世帯内の有権者人数を聞くのです。もしも世帯内に複数の有権者がいたら、乱数を使って1人だけの調査対象者を決めます。無作為に決まった調査対象者が、電話に出た人と異なる場合は、対象者の帰宅日時を教えてもらい、いったん電話を切って約束した日時を記録しておきます。電話調査システムは、約束した日時の電話番号を管理する仕組みがあるので、約束通りの日時にオペレーターが電話します。

この手順は実践的には避けたいのですが、理論的に重要なのです。最初に質問する内容が世帯内の有権者の人数なので、さすがに簡単には理解してもらえないし、唐突な印象を持たれて当然だと思います。「世論調査と言いながら家族構成を調べるのか」と不審がられて、せっかく会話できたのに、ここで拒否に変わる場合もあります。乱数で抽出した結果が、電話に出た当人でない場合に「せっかく協力してあげると言ったのに、自分に聞かないのか」と立腹される場合もあります。調査対象者となった人が多忙で深夜帰宅が多いため、結局は回答を得られないまま、調査期間が終わることもあります。このようなことも回収率の低下に関係しています。できればすんなり調査に入りたいのですが、関所のようなプロセスです。

しかし、たまたま電話口に出た人にだけ調査すると、在宅率の高い属性に偏った結果となる可能性があり、有権者をよく代表した世論ではなくなるため、この点は妥協しません。マスコミ世論調査の頑張りどころですが、このプロセスもほとんど理解されていません。

ちなみに、新型コロナウイルス感染症が拡大し、緊急事態宣言が発出されるなど、基本的に在宅が多い社会生活となったことで、その時期の世論調査の回収数が上昇しました。また、普段は電話口に出ない人が電話に出るケースも増えました。結果的には当然のことと思えますが、やはり調査環境について再認識したことになります。コロナ禍という社会は、それ以前の社会とは多くの側面で違う現象を出現させました。

なお、電話回線数の質問も、やはり理論的背景から必要なのですが、こちらは調査終了後に聞くので、戸惑いつつも、なんとか回答を得られます。

ようやく本体の調査に入ります。ここではオペレーター研修で指示される、重要なルールがあります。質問文を変更せずに読むことです。選択肢を読みあげる場合は必ず読みあげ、読まないときは決して読まない。質問内容が難しいから教えてくれ、と頼まれても余計な情報を与えてはいけない決まりです。オペレーターによって測定刺激が変わったら、結果も変わるからです。

もっとも、トークスクリプトは相手によって少しは崩せる余地もあります。そのほうが自然に会話できるのです。雑談をはさむ人もいるのですが、相手に合わせて適度に相槌を打ちます。オペレーターからは遮《さえぎ》りません。中には政治状況の解説を始める、マスコミに説教する対象者もいますが、おとなしく傾聴します。話す速度や音量も相手に応じて変えます。オペレーターはどうしても早口になりがちです。これは少し会話するとオペレーターが相手の状況を察知しますので、必要ならゆっくり大きな声で話すように切り換えます。もちろん「忙しい」「せっかちな性格」の人もいますので、その場合はイライラさせないように話す速度を上げます。

ただし、やってはいけない限界があります。質問内容に影響するような会話はできません。世間話に付き合うレベルを超えてしまいます。結果的に誘導することになり、これをオペレーターが自主判断でやってしまうと、いわゆる「測定刺激」が個別に変わってしまい、統制された調査になりません。ここはいわゆる「量的調査」と「質的調査」の大きな決定的相違です。質的調査とは深層インタビューのように、個別に自然な会話をしながら対象者の考えを測定する方法の総称です。世論調査は量的調査なので、少々「機械的」な会話になりますが、少々「人間的」な面もあるのです。

調査はセクシーな職業能力

良質な世論調査を実現するのは簡単ではありません。多くの人々が関与し努力していますが、このような調査現場の実態は知られていません。

グーグルのチーフ・エコノミストであるハル・バリアンの、すっかり有名になったセリフ「今後10年での魅力的な職業は統計家だろう」――が発せられてから10年が経過しました。ビッグデータ、人工知能、DXなどの進展と環境変化はますます人材育成を必要としていますが、統計家はまだ不足しています。

この魅力的（セクシー）な職業に求められる能力は「データをとり、データを処理し、価値を取り出し、可視化し、伝達できること」です。調査はその最初に位置する能力です。統計家・データサイエンティストは抽象的な分析技術者ではありません。データの生成過程を知らずして、データから価値を抽出できません。調査はデータが生成される具体的な現場です。

社会調査は大学教育では扱われますが、データを作る経験は実習が必要なので教育も困難です。所与のデータで分析方法を教えるテキストは豊富です。一方で、高等学校や中学校では調査法の実習は、まず扱われないでしょう。入り口はそれでかまいません。どこから入っても、データをとるところから伝達するところまで、最終的に全過程を学ぶことが大切です。実際の社会では教室とは違い、データはどこかで誰かが用意してくれません。

魅力的な職業はテレビドラマなどに登場しますが、リサーチャーという職業はあまり目にしたことがありません。あえて探すと、小説では沖藤典子『女が職場を去る日』（1979年）がテレビドラマにもなり、話題になった程度です。沖藤も市場調査会社（日本リサーチセンター）の社員でした。作家の上坂冬子も同社で働いていたことがあります。

映画では『ニューヨークの恋人』（2001年）で主演を務めたメグ・ライアンの仕事が市場調査ですが、そこが重要なシーンとして記憶に残ることはなさそうです。マーガリンの広告調査をするという文脈で市場調査が登場するのですが、それはCM制作のためであって、市場調査はその手段です。要するに目立ちません。注目され脚光を浴びるのは調査の結果であり、報道記事です。しかし、見えない部分も知っているほうが、表だけの理解よりも強く、それこそ最強なのです。

世論調査は刺身である

調査が終了するとデータをチェックします。電話世論調査の場合は、調査しながら基本的なエラーチェックをすることができるので、このプロセスの負担が小さいのが特徴です。インターネットを使ったWEB調査も、その点では同じです。紙の調査票ではなく、電子調査票、つまり調査票はディスプレイに表示されており、回答する動作とデータ入力する作業が同時に進行するということです。選択肢にない回答が記録される余地がありません。さらに、紙の調査票とは異なり、調査票の中にプログラムを組み込むことができます。裏側で審査プログラムが動き、矛盾などのエラーがあればメッセージが表示され、その場でオペレーターが修正できます。

マスコミ世論調査はスピードが重要です。調査が終われば数時間後には原稿を書き、電子版に記事が流れます。調査データは、個人の回答結果が扱われることはありません。統計的な数値、すなわち内閣支持率のような割合（％）、統計量で表現されます。個人情報は扱いません。この点は調査に協力依頼する際にも強調している匿名性です。

調査結果は「全体集計」と、性別・年代別などとの「クロス集計表」にまとめます。政治部では結果を分析し、今回の調査結果で何がニュースかという観点から、見出しにする質問事項を選択します。継続的な質問である内閣・政党支持率の変化は常に言及されますが、大きく変化した場合は、それ自体がニュースとなります。報道に関しては、支持率の数値という事実の伝達と、なぜ変化したかという背景・因果関係の解釈の部分に分かれます。

世論調査データの集計はシンプルです。高度な解析手法を適用するわけでもないし、複雑なデータ加工もしません。その代わりに、データを収集するところまでのプロセスに集中的にリソースが投入され、品質管理されます。そうして集めた生のデータは、単に集計するだけです。つまり刺身のようなものです。生で鮮度がよく、焼きもせず煮もせず、そのまま醤油だけで食べることができる品質です。豆腐は違います。大豆の元の姿は消えています。手の込んだ製造工程で加工されています。

化粧で美人になれるか

生の刺身と言いながら、例外があります。重み（ウエイト）をつけた集計をする場合があるのです。加工品です。重みにも多くの方法があり奥が深いのですが、最初に、典型的な事例で重みづけ集計とは何かを簡単に説明します。

東京と大阪でそれぞれ500世帯を無作為抽出して、年間のタコの消費支出を調査したところ、平均金額は、東京は1400円、大阪は1800円。東京と大阪の全体1000世帯では1600円でした。この全体の値の計算は間違ってはいませんが、少し「おかしい」と感じますよね。

定義した母集団によれば、東京の6000万世帯は大阪の3000万世帯に対し2倍のサイズです。そこで、東京667、大阪333世帯（合計は1000世帯）になるように「重み」をつけて集計すると、全体のタコの支出金額は、平均1533円となります。これで東京と大阪の合計である「母集団の姿」として、妥当な結果になりました。

さて、世論調査の集計ですが、この発想を持ち込むことがあります。回収率が低いために回答者データを集計したら、年代構成が母集団から乖離して偏ります。これでは発表しても「偏った調査だ」と批判される。どうしたらよいか。そこで年代分布が母集団と同じになるように重みをつけて集計するのです。結果は母集団と同じに見えるので、とても美しい姿をしています。若者の意見も正しく反映されてメデタシ……。本当にそうでしょうか。見かけだけではないでしょうか。真の姿を化粧で隠しただけではないでしょうか。

国勢調査によると、有権者全体に占める20歳代の構成比は12％です。調査対象者が1000人なら20歳代は120人が期待値です。ところが実際の調査結果（2016年調査の実例）では20歳代は4％でした。若者の回収率が低いためです。そこで、標本の年代構成が母集団と同じになるように重みをつけて集計します。

結果はどうなるでしょうか。重みをつけない、生のまま集計すると、内閣支持率は20歳代で45％、全体では44％でした。次に、重みをつけて集計します。しかし結果の内閣支持率は全体で44％と、まったく変わりませんでした。

そこで、さらにシミュレーションをして確認しましょう。もっと極端な例を試して、それでも影響がないのか確認できそうな数値例をわざわざ考えます。20歳代の内閣支持率を50％に設定し、10歳きざみで、年代が上がると、内閣支持率は3ポイントずつ下がり、70歳代の内閣支持率が35％という架空データで置き換えます。年代と内閣支持率に強い関係があれば、重みの影響も反映するでしょう。この架空データに対して、年代分布が母集団と同じ構成比になるように、重みをつけて集計したところ、全体の内閣支持率は42％でした。生の集計結果より2ポイント下がりました。

年代分布や性別分布が母集団と同じになるように重みづけ集計をしても、せいぜい1ポイントから2ポイントしか変化しません。意図的に影響しやすい状況を設定した架空データのように、2ポイントも影響することは実際の調査データでは稀で、1ポイント以下がほとんどです。

この結果について、どのように考えるべきでしょうか。ほとんど影響しないから、生のままで発表すればいい。影響しないなら、重みをつけて調整したほうが、少しでも正しい世論が反映される。あなたはどう思いますか。どちらが正しいという意見をお持ちですか。

重みづけ集計をするかしないか、という方針について、マスコミ各社の間では統一されていません。実態としては、性別・年代別・地域別などで重みをつけた結果を公表している社もあります。日経は採用していません。生のままです。

「世論調査は生のままで耐えられるように回収率向上の努力を続けるべきだ。重みをつけると、基本的な属性分布が見えなくなり、どのような調査結果であったかという情報が消える。まるで母集団と同じ結果となったように見えてしまい、若者の意見が過小評価されている事実を覆い隠してしまう。

しかも重みをつけたら『少しでも正しい方向』に向かうわけではない。そうなるのは、回収群と非回収群の意見分布が同じ場合だけである。もしも反対の意見分布だった場合は、間違った方向へと強調してしまう。

たとえば、保守的な若者は調査に協力するが、保守的でない、あるいは革新的な若者は調査に協力しないという実態があった場合、若者が保守化しているという解釈の方向へと導くように、より強く作用してしまう」。重みづけした集計結果を発表しない日経は、そう考えていることになります。

タコの例のような場合は絶対的に重みづけ集計をすべきです。ほとんど議論の余地はないでしょう。しかし、回収率が低い意識調査、しかも回収できる集団とできない集団の間の違いが、意識の違いと連動している場合は、重みをつけても、望んだ結果をもたらしてくれる保証はありません。逆の方向に歪んだ結果を強調する可能性も否定できません。タコと世論は違うのです。

一方、構成比の偏りの影響ではなく、非回収が多いことによる影響は甚大です。

第1章で史上最高の内閣支持率（小泉内閣）と回収率の関係を指摘しました。内閣支持率80％が、実際には50％の可能性を否定できない、という問題でした。

この問題は、回収群と非回収群で内閣支持（意見分布）が異なる場合に深刻です。意見分布が同じだと想定できれば大きな問題ではありませんが、調査に協力しない人々は調査内容に関心がない場合が多いので、楽観的な仮定は危険です。

第　4　章

世論調査の起源

占領統治の中の胎動

ドイツ人は成熟した民族だ。科学、芸術、神学、文化において、アングロサクソンの発達年齢が45歳だとすれば、ドイツ人は同じくらい成熟している。しかしながら、日本人は歴史的には古いが、まだまだ教育を受ける段階にあった。現代文明の基準で測れば、我々の発達年齢45歳に対して、12歳の少年のようなものだろう。

（ダグラス・マッカーサー「上院軍事外交合同委員会」１９５１年）

日本は１９４５年8月14日にポツダム宣言を正式に受諾。第二次世界大戦の連合国に降伏し敗戦国となりました。現在の世論調査は、ＧＨＱ（連合国最高司令官総司令部）が日本で占領政策（１９４５～52年）を推進する中で始まります。「現在の」とは「科学的な」という意味を含むのですが、それは戦後日本の世論調査の起源に「科学」が関係している事情のためです。

戦前にも世論調査は実施されていましたから、さらに起源を遡ることもできますが、ここでの起源とは、母集団を定義して確率標本を抽出し、調査結果の誤差の大きさを計算できる統計科学的な標本調査法を、世論調査に導入した起点です。「科学的」とはその意味です。

連合国最高司令官として日本にやってきたダグラス・マッカーサーは、日比谷の第一生命ビルに進駐する前に広報戦略の方針を出していました。ポツダム宣言の条項を踏まえつつ占領政策を促進するために「軍事的・経済的・政治的・心理的な側面から、日本国民に情報を普及させる」目的を整理したものです。

マッカーサーと昭和天皇との会談（45年9月27日）の有名な写真も、日本国民に「敗北という事実を明確にさせる」目的を果たしました。ここで情報は「広報」「宣伝」のニュアンスです。GHQは占領政策を実行するにあたり、これから何をするかというインフォメーションを

1945年9月27日、米国大使館で会談に臨む前のマッカーサーと昭和天皇（共同通信）

日本国民に提供します。新しい占領政策を実施するたびに声明を出しました。

広報戦略は9月22日設立のCIE（民間情報教育局）が拠点でした。日本の世論調査はこのCIEから産声をあげます。CIEのミッションは民間における広報と教育に関する目的を達成するために「あらゆる媒体を通じて」「すべての政策と計画について」国民一般の「理解を確実にする」ことでしたが、そこに「世論調査を促進し、その実行を指導することが必須である」と明記されました。

「占領軍と復興に対する民衆の反応について、事実に基づいた情報を最高司令官に提供し続ける」ためでしたが、それを継続的に実行する「信頼できる基盤を確保すること」も規定されました。この基盤こそが現在に至る世論調査の仕組みの出発点になったものです。

CIEの動きは迅速でした。初代局長のケネス・R・ダイクは内閣情報局に対して「米国には世論調査の専門機関があり、世論の動向を調べている。日本でも世論調査機関を作ってはどうか」と勧めました。

これは口頭で伝えられたようで、文書による指令ではなかったのですが、日本政府は指令に近いものと受けとめたようです。形式的には11月1日付で企画資料部に輿論調査課が発足。その後は機構改革のたびに所属や名称が変わりますが、現在の内閣府大臣官房広報室まで続いています。

ＣＩＥが直接的に世論調査を実施するのではなく、日本が自分の手足頭で実施できる状態になる方向に進めるのですが、これはマッカーサーの「現在ある日本政府を支持するよりはむしろ利用すること」という方針、つまり間接統治と符合します。したがって輿論調査課はＣＩＥの監督下に置かれました。

それは輿論調査課の人事から始まります。誰に任せれば世論調査をやれるのか。ＧＨＱは人選を進め、９月某日、まだ戦車隊が警備するＧＨＱ本部に、戦前から新聞学（マスコミュニケーション）を研究していた社会学者の小山栄三を呼び出します。「宣伝」研究者でもあった経歴にも注目し、世論調査を始めるにあたり適任者だと判断したと思われます。

ＧＨＱは小山に対する面談で世論調査に関する知識を確認します。いったん別室に出たあと、ほどなく戻ると「日本政府が世論調査機関を設けることになった。ついてはその長にＧＨＱは君を推薦することに決めたからしっかりやってほしい。ＧＨＱはできる限りの援助をするつもりだ」と小山に告げます。

もう一人は塚原俊郎。同盟の政治記者です。召集されていたのですが、世論調査をやることになる経緯はわかりません。塚原は「内閣に招かれた」としか述べていませんが、小山と同じくGHQが塚原にも接触したのでしょう。

当事者たちの叙述は互いに微妙に異なる部分がありますが、とにかく政府の世論調査は小山と塚原の体制でスタートしたのです。終戦の日、小山46歳、塚原34歳でした。二人の共通点は社会学科を卒業したことですが、本質的な資質としては、小山は研究者であり塚原は政治家でした。

小山がGHQから政府世論調査の「長をやってくれ」と言われてほどなく、塚原が小山の自宅を訪れて「世論調査をやることになったから引き受けてくれ」と依頼しました。

しかし塚原が小山に依頼するのは筋違いです。すでに小山はGHQから話を伝えられています。塚原は輿論調査課の課長となり、小山は参与の予定でしたが情報局は廃止され、参与の辞令は不発。さらに小山も知らなかった人事情報として、ほかに参与として菊池寛（広報）、長谷川才次（宣伝）が推薦されていることを、塚原から知らされます。塚原の情報のほうが小山よりも多いのです。小山はGHQからの出頭命令で「公職追放かと思った」と回想しています。事前の情報は皆無だったと思われます。

いずれにせよ小山が塚原の上で、大所高所から世論調査を技術指導する立場ですが、塚原は学生時代の恩師である戸田貞三にも顧問を依頼します。これは職権で可能でしょう。小山の肩書は参与、顧問、嘱託と曖昧。また、塚原情報の長谷川が就任した形跡がなく、代わりに法学者の高柳賢三の就任記録が残っています。直前に変えたか長谷川の辞退でしょう。菊池寛は一致していました。

小山と塚原は別々にＧＨＱと話をしている模様ですが後先は不明です。ＧＨＱと塚原が接触した際に、塚原が同盟の先輩である長谷川の名前を出した可能性もありそうです。塚原は戸田に相談して小山を顧問にお願いしたとも書いています。そうなると塚原が人事のすべての舞台を回して、ＧＨＱが追認したようにも見えます。しかし残されている史料の中に証拠は見つかりません。その後、小山は長く世論調査に関与しますが、塚原は2年足らずで政治家へ転身しました。

政府世論調査の禁止――現在への影響

ＣＩＥでも世論調査の部署ＰＯＳＲ（世論・社会調査部）を作りますが、局長のダイクは世論調査を本格化させることなく、１９４６年5月に突然帰国してしまいます。前年にＣＩＥを設置したばかりなのに、極めて不自然です。ダイクは広告・マスメディア業界でキャリアを積んできた人物で、帰国後は退役して大手広告会社の副社長となりました。

世論調査に関心や知見が少なかったにせよ、ダイクが局長の立場をあっさり捨てた理由は明確ではありません。ダイクはマッカーサーとは旧知です。公式にマッカーサーがダイクを更迭したということはなかったようです。周囲の観察によれば「いやになってしまった」というところです。

ダイクは「宣伝」の専門家とはいえるでしょうが、ほかにCIEが担当する分野の「教育」「宗教」「世論調査」については門外漢です。しかし局長としてマネジメントをすればいいわけですから、部下の教育学者や社会学者などの専門家とは、良好な関係を作ってうまくやっていました。局内の人間関係や雰囲気については肯定的証言が多く残っています。

GHQは陸軍を中心に組織が構成されました。マッカーサーは陸軍です。そのようなパワーバランスの中で、海軍としても無言で従うわけにはいきません。海軍の処遇が要求されます。その配慮からCIEは海軍を中心に構成されるポストになりました。

世論調査をCIEで担当することは当初からの方針でしたが、別の局から「世論調査は自分のところで担当してしかるべきだ」という横やりが入ったのです。ダイクは局長として対決することを迫られます。CIEは海軍が中心とはいえ、ダイクは陸軍です。しかし、ダイクの軍隊での階級が相手よりも低かったことで、交渉力に限界がありました。ダイクは苦しい立場に追い込まれます。要するに「投げ出した」のでしょう。

本国から教育使節団来日という最重要のイベントのある、まさにその時、ダイクは米国に一時帰国していました。自分の退役後の就職活動をするためということです。ダイク本人は否定していますが、周りはそう思っていました。実際、そのとおりだったでしょう。ダイク自身はそんな無責任なことを認めるわけにはいきませんから、否定するほかありません。

結局、この組織間の小さな縄張り争いを解決したのは、局長ではなく現場のＰＯＳＲ自身でした。後述しますが、米国から世論調査の専門家を呼んで講習会を開催したとき、この問題についても関与してくれました。なぜＣＩＥで世論調査を担当すべきか。その妥当性や必然性を理路整然と説明したのです。それは効果的だったとのことで、本国の専門家による主張には反論せず、横やりは引っ込めたようです。

ダイクの後任はドナルド・Ｒ・ニュージェントです。46年2月からの局長代行を経て、６月から局長となります。ニュージェントは戦前の日本で教員経歴（１９３６～41年）がありますが、日本語はあまりできませんでした。英語の教員です。後年、自分の日本語のレベルを白状しています。新聞の社説は辞書を片手でも読めなかったというのですが、徳川吉宗を研究テーマにしたとのことです。

この二代目局長の方針が、日本の世論調査の性格を決めたといえます。CIE局長になったニュージェントは6月1日、輿論調査課の小山らに以下のような趣旨の覚書を渡します。ダイク局長当時に作成されていたものですが、次期局長になることが確実だったニュージェントの意向を反映したものです。それは「政府による世論調査の禁止」通告です。

「日本が実施する世論調査に関し、充分訓練された人員を保有し、且つ剴切なる運用機構その他の必要な設備が整備される時期に至るまでは、日本政府によるいかなる調査事務も承認しない」

ちゃぶ台返しにPOSRも輿論調査課も困惑しました。梯子《はしご》を外された輿論調査課はCIEの真意をはかりかねます。POSRに出向いては、何をどうしたらよいのか探るのですが、POSRのスタッフも苦労していました。

ニュージェントは日本政府に世論調査をやらせると、思想統制・世論操作に悪用すると信じていたので、POSRではそうならない条件を整理して、何度もガイドラインを作成してはニュージェントを説得しました。実施条件を整理してようやく11月に解禁となりますが、このとき「政治的事項を扱わず、政策的内容のみ」とする条件があり、これが現在まで政府世論調査の性格に影響しています。今も内閣府の世論調査に内閣・政党支持の質問はありません。

統計調査、世論調査にも渋沢の支援が

ところが、戦前日本で暮らしたニュージェントの不信感は根強く、政府が世論調査を悪用できないように法的規制が必要だと言い出します。治安維持法と特高（特別高等警察）のあった時代の日本で、ニュージェント自身が、特高の取締対象になるような経験をした記録は見当たりません。むしろ戦前日本での日常生活には満足していたと述べており、一般に日本で生活していれば、誰でも知ることになる程度の認識による判断でしょう。

これには時間を要しましたが、日米で協力しながら法案を作って国会で成立。1949年に国立世論調査所（小山栄三所長）を設立しました。中立性（非政治性）を確保するための世論調査審議会（戸田貞三委員長）設置も規定しました。ところが54年に廃止法案が可決してしまいます。いくつかの背景があったのですが、これは主権回復後の日本自身の選択による決定でした。日米の世論調査関係者の苦労は5年の短命で終わり、国立世論調査所は解散。政府世論調査は内閣審議室に戻ります。ただし、内閣審議室に戻ったのは、世論調査の企画部門だけでした。実査部門は国立世論調査所のメンバーが民間に残りました。

こうしてみると、世論調査は統計調査と対照的です。統計法を制定し、中央と地方の統計機構を整備し、統計委員会を創設した統計調査は、吉田茂首相が主導した「再建」「改革」でした。統計調査には、明治以降の近代国家運営の歴史があります。統計調査は国家事業という立派な位置づけになっています。

世論調査は「事始め」でした。調査という方法は同じですが、調査対象が異なります。「人口・生産・消費・労働」と「意識・行動・感情・態度」、実態調査と意識調査、極言すれば肉体と精神ほどの違いです。２００７年に全部改正された現行の統計法においても、世論調査は適用範囲に含まれません。学界との協力関係では統計調査は、なんといっても経済学者です。世論調査は社会・心理学者が中心で、共通しているのは統計学と数学です。ＧＨＱの担当部門をみても、統計調査はＥＳＳ（経済科学局）であり、世論調査はＣＩＥでした。統計調査は公的、世論調査は民間。スタートから違っていたのでした。

そして、世論調査にも統計調査にも、両方の重要な場面に登場し、何事かを実現していくとき、そこで役割を果たしていた人物がいます。渋沢敬三です。２０２４年度から一万円札の顔となる渋沢栄一の孫です。孫ですが、敬三は父親の篤二が廃嫡となったことで、若くして渋沢家の当主に指名され、栄一の後継者となりました。もともと動物学から民俗学へと学問の世界に志がありましたが、敬三は断念します。栄一が敬三に、実業に進むように「強圧はしなかった」が「ただ頭を下げて」「誠心誠意若い孫に懇請した」ためです。この断念の思いは、学問に対してパトロンという形で、幅広く貢献したといえます。

民俗学から文化人類学はつながっていますし、研究法としての質的調査・量的調査を含んでくるので、どこかで世論調査と接点ができます。実際には人間関係によるものですが、背景としては学問分野のつながりがありました。米国が対日戦争で日本理解のために、多くの文化人類学者を動員したことも作用しています。

統計調査における渋沢敬三の果たした役割については詳しくは述べませんが、貢献を示す象徴的な話を紹介します。戦後の統計改革で中心的役割を果たした、経済学者の大内兵衛が、統計調査にとって4人の「恩人」をあげています。吉田茂首相、スチュアート・ライス（統計使節団長）、高野岩三郎（経済統計学者）、そして渋沢敬三です。

ニュージェントの激怒と日本側の空気

政府世論調査の禁止に対する、日本側の受けとめ方は複雑でした。ニュージェントが禁止の本当の理由（日本政府は世論調査を悪用する）を明示しなかったせいです。

輿論調査課は設置直後から精力的に世論調査を模索し、全国規模の調査を実施するための地方拠点整備も計画していた矢先の禁止命令でした。いろいろな憶測もあったようです。

山下奉文のマニラ軍事裁判（46年2月処刑）や、食糧メーデー翌日のマッカーサーによる「大衆デモに対する警告声明」（46年5月）に関する世論調査を企画したことが対立の原因ではないか、言論の自由を掲げながら言論統制はできないので、表向きは「科学的」でなければ認めないという理由にしたのではないか――これが当時の関係者の伝える日本側の空気です。

しかし、マニラ裁判に関する世論調査を企画した件に関する原史料は見当たりません。東京裁判は5月から始まっています。当時の多くの日本人の心情としては、「戦争犯罪人」の裁判は、やはり納得できないところがあったように推察します。しかしながら、マッカーサーにとっても戦犯裁判は絶対に妥協できない占領政策でした。当時の輿論調査課がマニラ裁判に対する日本人の世論をテーマにすることは、さすがに考えにくいように思えます。

大衆デモのマッカーサー声明に対する世論調査の件はＣＩＥの文書が残っています。「この事件が原因となって政府による世論調査が禁止された」と解説している複数の文献があり一般化しているようですが、これは間違いです。この事件は原因ではなく結果でした。このままでは歴史的事件となってしまいますので、ここで丁寧に確認しましょう。

発端は読売の46年6月1日の紙面です。「〝警告〟を〝禁止〟扱ひ　内閣審議室のデモ輿論調査」という記事です。この見出しからは内閣審議室が世論調査をやったことになっており、CIEが問題視しました。

実際には輿論調査課の吉原一真が新聞各社の編集局長あてにハガキを出したのですが、これを読売が「輿論調査」の見出しで報道したのです。ハガキには手書きで、「デモゆるさず」の発表に対する反響を教えてくれという短い内容が書かれています。

輿論調査課には、民意把握のために全国の新聞の投書欄を分析する仕事もありました。世論調査を始める前には、ほかに民意把握の適当な方法がなかったのです。そのため全国の新聞社とは日常的な関係ができていました。そのような背景から地方紙も含めて「御地の反響」を編集局なら把握しているだろうと期待してハガキを出したのでしょう。世論調査のプリテストの意図もあったように吉原は述べていますが、取材に近い情報収集です。

CIEは新聞を検閲する部署ですから、問題のある記事があれば局長に報告されます。輿論調査課に対して「政府による世論調査の禁止」を伝えたばかりなのに、世論調査を実施したのかと、ニュージェントは激怒。6月4日午後に輿論調査課を呼び出します。

ＣＩＥはニュージェント局長を含めて４人（二世通訳を含む）が、ラジオ東京ビル４１０号室で待ち構えます。輿論調査課から出頭したのは鵜飼肥佐男。当事者の吉原も、課長の塚原も出向きませんでした。

ニュージェントはこう切り出します。「ダイクは輿論調査課に対して、計画（科学的な世論調査を実施できる組織にせよとの指示があった）を承認するまでいかなる調査実施も認めないと指示したと承知している。新聞記事は最高司令官のデモ禁止への賛否を問う内容のようだ。ハガキにそう書かれているのか」。

そして読売の紙面を見せます。ＣＩＥでは記事の英訳（見出しを除く）、吉原の出したハガキの現物（これは朝日の編集局長宛のもので、朝日から提供を受けたと思われる）、吉原のハガキの英訳（なんと現物と対応するように手書きの筆記体英文）が用意されニュージェントに報告されていました。禁止した政府世論調査をやったのか、まずは認否の尋問です。

鵜飼の返事は①吉原個人のやったことだ、②正確には世論調査とはいえない――というものです。これは読売からの取材に対する吉原の発言として記事に書かれた内容に沿っています。ニュージェントは「吉原は輿論調査課の肩書で出しているから政府の調査だと思われるだろう」「編集局長を対象者とした世論調査に相当するのではないか」等々と述べて了承しません。

そこで鵜飼は、実は「総司令部から日本政府に対して、国民の反応を密かに調べるよう依頼があったのです」と明かします。

「総司令部の誰だ」とニュージェントは身を乗り出しますが、鵜飼は「わたしは知りません」「総理大臣か誰か塚原に依頼したようです」ととぼけます。結局、ニュージェントは「鵜飼は全容を把握していない。明日、塚原に会って総司令部の依頼者の名前等を聞きたい」と述べて、その日は終了します。

翌日以降の結末は不明ですが、塚原と吉原はこの件について終生、具体的な言及をしませんでした。吉原は輿論調査課が創設された当時の回想・記録をていねいに残しているのですが、この問題の記述は微妙かつ間接的な表現をしています。塚原も数少ない回想文章しかありませんが、抽象的な表現であり、この件が念頭にありそうだと示唆される程度です。

以下は私の想像を含む解釈です。

まず、吉原の欠席が尋常ではありません。CIEから輿論調査課に「局長、怒ってますよ」と連絡があって尋問日時を決めたはずです。4日の都合をつける時間は十分にあったし、CIEと輿論調査課との関係からすれば、出頭命令より重要な用事もないでしょう。尋問が進み、吉原が読売から受けた取材の話に及ぶと、同席者が吉原を探しに席を外し「外出中だそうです」と間の抜けた報告に戻ります。

塚原が吉原を守ったのだと思います。お前は行くな、と鵜飼を出したのです。当事者の吉原が行けば、冷静を保つのは難しいし、尋問に耐えられないでしょう。

塚原は鵜飼に言い含めます。「総司令部から総理大臣に要請があったことにしろ、あとは俺がどうにかする」というようなところでしょう。本当に要請があったのかもしれませんが、どうでしょうか。塚原は覚悟したと思います。GHQは日本国民の反応を把握したいという基本方針がありましたから、それで貫くしかありません。

ニュージェントの性格を考えると①CIEの指示に刃向かったことが許せない、②下には強いが上には弱い。つまりこの記事で、マッカーサーに叱られることを恐れているのです。それが総司令部からの指示となれば、ニュージェントは収まります。塚原のほうが、役者が一枚上なのです。極秘指示で首相経由でもあり、総司令部の依頼者の名前までは知らないで通せます。

ニュージェントは真珠湾攻撃に遭遇しましたが、海兵隊でやっていた仕事の詳細は明らかではありません。在日経験と日本語の知識を使った業務だったようです。真珠湾では戦場の悲惨さを目の当たりにしましたが、GHQではいわゆる官僚的な管理職でした。

塚原は戦前に新聞記者、占領期は政府の職員という経歴ですが、公務員試験を受けて就職したわけではなさそうです。塚原は親分肌であり、政治家の資質がありました。もしも、こじれたら政治的な動きをしたように思えます。こんな遠慮をGHQにしなければならないことに、我慢できないという思いもあったのではないでしょうか。頃合いを見極めると「世論の調査から、世論の実現へ」と政治家の道を選びました。

この事件は日米の対立というより、官僚と政治家の対比という側面を示したような印象が残りますが、原因は吉原の単純ミス。朝日の見出し「デモ許さず」で各社にハガキを出してしまい、その無配慮が読売をして、記事を書かせたのです。両社の論調の違いも遠因でした。

3人の文化人類学者

日本の世論調査に大きな影響を与えたPOSR（世論・社会調査部）を主導したのは、占領期間を通して順番にジョン・C・ペルゼル、ハーバート・パッシン、ジョン・W・ベネットの3人でした。いずれも文化人類学者ですが、終戦当時にはまだ30歳の青年。日本に足跡を残した若者を素描しましょう。

1941年12月8日、ペルゼルは当時近所に住んでいたニュージェントの車に同乗して海兵隊の基地に向かう朝、道路の上を飛ぶ零戦の翼の日の丸を車窓から目撃しました。「なんてこった。ジャップが爆撃してきた」「パールハーバーに行こう」。二人は大混雑の道路を、何度も止まりながら基地に向かって急ぎました。

戦後、ペルゼルは学位論文のテーマとして日本を研究対象に定め、ニュージェントに頼んでCIEに職を得ます（45年12月）。ニュージェントは、第三者の評価はともかく、一緒に働いていたCIE職員からは「嫌われ者」でした。そのような中で、ペルゼルはニュージェントの部屋に、アポなしで自由に出入りした数少ない部下でした。真珠湾の「戦友」だからでしょうか。

ペルゼルは先述の読売の記事に関する輿論調査課の尋問でもニュージェントに同席していました。途中で席を外して吉原を探しに行ったのもペルゼルです。輿論調査課に「政府による世論調査の禁止」を伝えたニュージェントの横にいたのもペルゼルです。中国語と日本語が堪能で輿論調査課との接点でした。

CIEは世論調査をやれる人材を探していましたが、ペルゼルに世論調査の経験はありません。しかも大学に戻って博士論文を準備するためにいったん帰国（46年6月）。約1年後にフィールド研究で博士論文を完成させるために再来日しますが、今度の仕事は「言語簡略化」でした。ペルゼルは「占領軍のためには働かず」仕事が終わるとジープで埼玉県の川口にでかけては鋳物の街を調査し、戻ってフィールドノートを書いていました。仕事より博士論文だったようです。

「漢字全廃・ローマ字化」に関する調査

ニュージェントは日米を行ったり来たりするペルゼルのわがままを許しますが、厳密に科学的な調査を企画するように命令しました。それは教育使節団報告書（46年）で実行されなかった唯一の勧告「漢字全廃・ローマ字化」に関連する調査です。

ニュージェントはCIE局長に就任すると、ローマ字化の提案者であったロバート・K・ホールを降格させたうえで解任します。ホールの提案が教育使節団に影響を与えていました。ローマ字化計画はすでにGHQの上層部で見送りが決定していましたが、ニュージェントはホールが「低い」と主張する日本人の識字率を検証する、疑念の余地のない調査結果を求めました。それをペルゼルに担当させたのです。ペルゼルがローマ字化の推進論者だった、という解説をみかけることがありますが、強い主張は持っておらず、むしろ逆でした。

ペルゼルは定量的な標本調査の専門家ではありませんが、3カ月かけて調査計画を作成します。それは経費予算や実施体制も含む14ページ程度のものです。調査概要は以下のような内容でした。

- 新聞等を抽出して使われている言葉の出現頻度を数えること
- そこから抽出率に応じた語彙表を準備して問題を作ること
- 層化多段抽出法を適用して被験者を無作為抽出すること
- 層化変数には読み書き能力に影響を与える要因を採用すること

このドキュメントを日本の調査チームに渡しました（48年1月14日）。これが有名な「日本人の読み書き能力調査」です。ペルゼルは調査に直接は関与せず、日本チームは調査計画書を大真面目に厳守して調査を遂行しました。

この調査プロジェクトは日本人だけでチーム編成しました。日本人の間には「ペルゼル憲法」と呼ばれる、ペルゼルが書いたメモが共有されていたそうです。調査票の設計や標本計画について、メモを見ながら仕事したということです。誰も手元に残していないので現存しないとのことですが、14ページの調査計画がそれではないかと思われます。あるいは実施体制や予算書などのページを除いた、調査実施部分を抜粋したメモだったのかもしれません。

ところで、大規模な全国調査には多額の経費を必要とします。「社交的ではない」と自称するペルゼルの予算交渉力には不安があり、ＣＩＥには内敵もいました。この調査はニュージェントの特命事項のような位置付けだったと思われます。周囲はペルゼルに協力的ではなかったようです。

ところがペルゼルにも友人と呼ぶ日本人がいたのです。渋沢敬三です。調査の財源は渋沢が大蔵・文部両大臣とペルゼルを引き合わせる席を用意して確保しました。一体どういう手続きでそんな調達が可能だったのか詳細は不明です。

このとき渋沢は公職追放の身分ですが、ペルゼルは渋沢に誘われて政府高官などとも親しい仲間となります。一緒に釣りに行き、お寺や醸造家などを訪れ、飲んで踊って楽しい日本の日々を過ごします。ペルゼルは有光次郎（文部次官）が「若くて美しい女性」に夢中だったことまで知っていました。青春の日本です。

帰国して学位を得たペルゼルは、ハーバード大学の教授となり、エズラ・Ｆ・ヴォーゲルを指導しました。79年に出版されるや、ベストセラーとなった『ジャパン・アズ・ナンバーワン』の著者です。占領期の日本で過ごしたペルゼルの影響が、ヴォーゲルの本に潜んでいるかもしれません。

日本の世論調査の重要な貢献者

パッシンとベネットは米国農務省に設置されていたＰＳＤ（政策調査部）で一緒に世論調査を経験しています（１９４２〜44年）。ＰＳＤはレンシス・リッカートを中心に、社会調査に関係する優秀な研究者を集めていました。最前線の理論と実践の場で、世論調査を経験するには最高の環境でした。

ちなみにリッカートの名をとったリッカート尺度は、社会調査、市場調査、世論調査などの質問紙設計で、今も頻繁に使用されています。意見や態度について質問する際、回答選択肢として、５件から9件程度の段階的評定を用意する方法です。

たとえば、回答者は「男性は外で働き、女性は家庭を守るべきだと思いますか」と質問された内容に「非常にそう思う」から「まったくそう思わない」のような段階的カテゴリーを示され、自分の意見・気持ちがどこに当てはまるか回答するように求められます。何かのアンケートに回答したことのある人なら、お目にかかったことがあるかもしれません。

１９４１年12月8日、すでに結婚していたパッシンが朝風呂に浸っていると、ラジオが真珠湾攻撃を伝えました。米国は対日戦争のために、日本語を操れる言語将校が多数必要だと判断します。陸・海軍ともに日本語学校を作って2000人の米国人（非日系人）を1年半のカリキュラムで育成する計画を実行します。パッシンはその中の一人でした。戦後は博多で電話検閲をしていましたが、世論調査のキャリアを見出されてCIEに呼ばれます（46年5月）。

パッシンこそが日本の世論調査における重要な貢献者です。政府世論調査を解禁するためのガイドラインを作成し、国立世論調査所の設置法案作りで汗をかいたのもパッシンでした。実はこれも一因となり、パッシンはニュージェントと対立し、ペルゼルがニュージェント対応をするという人間関係になっていました。

パッシンは文化人類学者らしく、博多から上京するや柳田国男を訪問します。柳田は「英語で話すなら失礼したい」と構えるのですが、パッシンの流暢な日本語で和やかに意見交換しました。この面会が契機となって、パッシンと渋沢敬三がつながります。

パッシンは世論調査に加えて、社会学的調査（たとえば農地改革に関する調査研究）も手掛け、POSRの陣容を拡大します。パッシンの研究的関心としては世論調査よりも社会学的調査をやりたかったのです。最大で50~60人程度で、当初の班から部という規模の組織になるのですが、復員して仕事のない日本人の社会学者や統計学者を採用しました。

パッシンの社交的性格も関係ありますが、直接には渋沢からの依頼がきっかけです。経済的な側面からも学者の世話をしたということです。渋沢の学者・学問への支援活動はよく知られていますが、その中に世論調査に関係するものも含まれていました。

パッシンは、ＰＯＳＲで調査の仕事のないときは、各自のやりたい研究をやらせていました。石田英一郎、鈴木栄太郎、馬淵東一、尾高邦雄、川島武宜、桜田勝徳、吉野清人、関敬吾、喜多野清一、小山隆などがいました。彼らは戦後日本の社会学、人類学、民俗学などの分野で一定の役割を果たします。彼らの指導学生や若手研究者も、ＰＯＳＲが実施する調査の調査員やデータ集計のアルバイトをやりました。のちに世論調査や社会調査の分野で指導的立場になる西平重喜や西田春彦などがアルバイトをしていたのですが、その当時の体験を回想しています。

パッシンは日本人とよく付き合い、その結果として広い人脈ができました。柳田だけでは人間関係の広がりは難しかったと想像されます。そこに渋沢の存在があって成功したのです。ペルゼルが渋沢と友人となれたのも、パッシンの人格と渋沢の行動力が遠因です。

ベネットは友人であるパッシンの推薦で48年12月に来日します。ペルゼルの後任として

ＰＯＳＲ最後の2年を締めくくるのですが、ここでやや不思議な関係が見えてきます。パッシンはＰＯＳＲの部長には一度も就任していないのです。パッシンが日本の世論調査への最大の貢献者であり、ペルゼルも世論調査の件はパッシンに任せきりで、実質的にＰＯＳＲを指導していたにもかかわらず。

それには人間関係が背景にあります。先述のように、パッシンは局長のニュージェントとうまくいかなかったのです。理由としていろいろなことがあるのですが、ニュージェントがパッシンを遠ざけていたという構造でした。パッシンはニュージェントとは話をすることも避けるようになります。ニュージェントもパッシンの話を聞こうとしなかったからです。

一方でペルゼルはニュージェントとは良好だったし、パッシンとペルゼルも仲が良かったので、パッシンはペルゼルに局長対応を預けたのです。そのほうが万事うまくいきました。ＰＯＳＲの組織拡大や社会学的調査を取り込むことも、パッシンがペルゼルを経由してニュージェントの了解を得た結果でした。

これはパッシンの問題ではなく、ニュージェントの問題でした。職員からの評価はひどいものです。小さなミスを発見しては、すぐに部下を怒鳴りつける。たわいのない日常会話はしない。いつでも女性秘書が一緒についており諸々を代行する。秘密主義で、権威主義で、差別主義。日本語を話そうとしないし、電話は英語のみとする。日本人のエレベーター使用を禁止。ついには「本当は日本語ができないのではないか」と噂されます。さすがにエレベーターの件は、職員一同の請願で取り下げられました。

ＣＩＥの雰囲気は悪く、不徳のニュージェントに近い部下は限られ、彼らは密かに「ニュージェントのペット」と呼ばれていました。日本語の感覚では「腰巾着」「茶坊主」といったところです。ニュージェントの威を借りて、怒鳴り、密告し、ニュージェントの歓心を買うことに熱心でした。ペルゼルも「ペット」と呼ばれたひとりでしたが、それは真珠湾からの関係性だと思われます。

ペルゼルは担当していた「日本人の読み書き能力調査」の英文報告書を仕上げないまま帰国してしまいます。ハーバード大学で博士論文を完成させるためです。通常であればパッシンが部長になり、ペルゼルの担当していた言語簡略化の仕事も引き継ぐという人事が順当なのですが、パッシンはベネットを米国からわざわざ呼んだのです。

ベネットがペルゼルの原稿を待って英文版の報告書を完成させる役回りとなりました。ところが自分の博士論文を執筆中のペルゼルは、報告書の原稿を大幅に遅延させます。何度も催促の手紙を出すのですが、一時は音信不通状態に近くなります。ほとんどベネットを無視していたとしか考えられません。時間は過ぎ、結局は日本占領が終わってしまいます。

ニュージェントも間に入り、少しずつ報告書が送られてきましたが、ペルゼルはついに最後の「解釈」の章を書かず、ＧＨＱとしての調査報告書は未完に終わります。結論は出ており、誰も読まないであろう報告書を書く気には、どうしてもなれなかったのでしょう。この件で、ペルゼルもニュージェントと最後は「完全に不和に」なってしまいました。

ＰＯＳＲが解散し帰国する際に、ベネットは大量の資料を研究用に持ち帰りますが、1991年に76歳になって日本世論調査協会に寄贈。「ＰＯＳＲ資料」と呼ばれ保管されています。このほかにも、ベネットは日本にいる間に写真を撮影しています。現在はオハイオ大学のＷＥＢサイトで見ることができます。彼らが見た当時の日本の姿が記録されています。

日本へやってきた専門家たち

輿論調査課は「科学的」世論調査を学ぶために、パッシンと連携して米国から統計・調査の専門家を招く準備を進めます。そのために民間と学界を含む「輿論調査協議会」を設置しました。国立公文書館に「内閣審議室世論調査班報告書綴」があり、当時の活動内容がわかります。

マスコミからは朝日、毎日、読売、日経、共同、時事、ＮＨＫが協議会に参加し、数度の準備委員会、常任委員会を開催しています。そこでは各社が実施した世論調査を報告しており、毎日の「知事公選の方法」（１９４５年10月中旬）が戦後最初の実施となっています。日経は「戦時利得税・財産税の適否」（46年１月５日）が最初です。郵送調査で３５００配布・回収率13％で、これを含めて10件のすべてが郵送調査でした。

このように日本で実施している世論調査の報告を求めて、政府が一覧性のある報告書を作成する仕事は、ＧＨＱの命令によるものでしたが、独立後も「全国世論調査の現況」として続いています。

各社の事業計画もあります。日経からは輿論調査課の斎藤榮三郎が参加しており、①ラジオ放送、②講演会（東京以外に五大都市）、③輿論調査員の訓練、④模範的輿論調査の実施（米人の手で）、⑤米国に於ける輿論調査の関係書類の翻訳出版――を提示しています。

第一回輿論調査協議会は47年３月25～26日に開催。のちに首相となる佐藤栄作官房長官が首相官邸の広間を会場として用意しました。通訳として後藤新平の孫で、戦前に米国留学をし、戦後は丸山眞男らと「思想の科学」を創刊した鶴見和子もいました。通訳は二名いましたが、内容が専門的・学術的であるために、社会学者である鶴見が起用されたと思われます。

専門家の来日に当たっては、パッシンがリッカートのもとで研究していた経験と人間関係が役に立ったのですが、日本企業に品質管理手法を伝授したことで有名なウイリアム・E・デミングや社会心理学者のハーバート・H・ハイマンなどが来日。デミングはESS（経済科学局）との関係のほうが強く、日本への貢献も多岐にわたりますが、ここで世論調査にも関係しています。

調査の企画、母集団と標本抽出、調査票、予備調査、実査と調査員、検票とコーディング、集計分析法に関する議論が展開され、「科学的」世論調査の学習を始めます。その後もパッシンは何度か専門家を招いて研修会を開催しました。

猛勉強によるマスコミ世論調査の確立

マスコミ各社は戦前から世論調査を実施していましたが、CIEから未熟だと指摘されたように、有意抽出・大量観察・街頭調査などをやっており、とても科学的とは認められない状態でした。

デミングは協議会で、標本抽出法について「数学専攻で博士号を取るくらいの人で社会学的知識も必要」「専門家になるには大学を出て6~7年かかる」と述べ、具体的な説明は省略します。いきなり層化抽出法における推定量の標準誤差の導出などは講義できないし「それは却ってあなた方にご迷惑をかけることになるでしょう」と配慮し、学者との共同研究を勧めます。

二日間の熱気のすさまじさは語り継がれますが、この協議会は世論調査の歴史にとって画期的なイベントとなりました。ここから参加者は燃え上がります。早くも48年以降の各社の世論調査は、層化多段無作為抽出法で有権者標本を確率抽出し、調査員による訪問面接調査を開始。数年で現在の技術水準に到達し、「科学的」世論調査を確立しました。

協議会を契機にマスコミ各社は世論調査の勉強を加速しました。統計学・調査法について白紙状態の新聞記者は、頻繁にパッシンのもとを訪れ遠慮なく初歩から質問し、パッシンもこれに対応。やがてこの動きは研究会へと拡大し、毎月多数の参加者で溢れるようになりました。立ち見も出るほどで終戦直後の復興熱気がありました。関係者はこれを「パッシン・スクール」と呼びました。

パッシンによれば、特に熱心だったのは朝日・毎日・時事の3社だったそうです。各社は大まじめに勉強し、学んだばかりの理論と技術を厳格に適用しました。ところで、CIEから新聞用紙を配給してもらえなくなるから、新聞社が必死に調査法を勉強した、という冗談が一部にありますが、世論調査を勉強しない新聞社への配給を止めた事実は見当たりません。

マスコミは全国に支局網を持っています。確率抽出された「調査地点」のある支局が実査を担当する仕組みを構築しました。これは輿論調査課が計画した「地方の調査拠点設置案」をニュージェントが却下した政府の実査体制と雲泥の差です。当時は調査員調査が主流でしたから、全国に拠点がなければ世論調査を実施するのは困難でした。

日本は枠母集団となる台帳（配給台帳や住民基本台帳など）が整っています。標本調査で台帳を利用できるので、精度の高い無作為標本抽出が可能でした。実査においては、支局員が自分でも調査員をカバーして高い回収率を達成します。

一方、米国こそ古びた割当法（有意抽出法）という方法でした。割当法は、性別や年代別の分布を母集団に合わせるように標本を主観的に選んで割り当てるので、理論的な標本誤差の計算根拠がありません。協議会の翌年（48年）の米大統領選でギャラップ、クロスレー、ローパーという代表的な調査機関がそろって予測に失敗し、内外に衝撃を与えます。いずれも割当法でした。

米国ではただちに社会科学研究協議会が、プリンストン大学の数理統計学者であるサミュエル・S・ウィルクスを座長とする「選挙情勢調査と予測の分析」の委員会を立ち上げ、各社の調査内容と予測方法を調べました。そして翌49年に、世論調査の季刊誌（POQ）に報告書を公表しました。

報告書では7項目の結論、推奨事項を提示していますが、主要な原因を、①標本抽出法と面接法、②態度未定者の評価失敗を含む予測――の2点としています。標本抽出法では割当法ではなく確率抽出法を適用すべきだという判断を示しました。

リッカートも割当法によるバイアスが予測失敗の一因だと指摘します。しかし各州で制度の異なる広大な米国では無作為抽出による全国世論調査は、現実的には困難です。自分（米国）でも実際にはできないような理想を、極東の小さな島の未熟者（12歳の少年！）に教えたら、真剣に取り組んで理想的な標本調査を本当に実現させた、というアイロニーです。

輿論調査協議会はその後、民間へ運営を移します。政府が民間で発展させることを勧めたのです。協議会に参加したメンバーが中心となって48年に日本世論調査協会を設立しました。こうしてマスコミを中心とした世論調査の基盤が民間に構築されたのです。輿論調査課の課長として、ここまで世論調査を進めてきた塚原俊郎は、協議会を見届けると一定の達成をしたと考え、政治家への道に進みます。

日本世論調査協会は内閣審議室の支援を受けて、戦後最初期の財団法人となりました。ただ、協議会の常任委員だった日経は、この頃から名前が史料から消え、日本世論調査協会にも参加しませんでした。日経が再び世論調査に登場するのは40年後「電話調査の先駆者」としてです。

〈主要文献〉

Cabinet Public Opinion Survey Department (Yoron Chosaka of Naikaku). GHQ/SCAP Records, Civil Information and Education Section, Public Opinion & Sociological Research Division. 1945.12 –1946.06. CIE (B) 07547–07549.

the Committee on Analysis of Pre-Election Polls and Forecasts of the Social Science Research Council (1949). Report on the Analysis of Pre-Election Polls and Forecasts. *The Public Opinion Quarterly*, Vol.12, No.4 (Winter, 1948–1949).

Pelzel , J. C. (1948.1.6). Literacy Research Program. Joseph C. Trainor Collection. 66 (JTC-1).

アンガー，J. M.（２００１）．『占領下日本の表記改革―忘れられたローマ字による教育実験』（奥村睦世訳）．三元社．

礒貝勇（１９６８）．柳田先生と一米人．『定本柳田國男集』第４巻（月報４）．筑摩書房．

今井正俊（１９９７）．朝日新聞世論調査半世紀の歩み（上・中・下）．朝日総研リポート．朝日新聞社．

ウィリアムズ，J.（１９８９）．『マッカーサーの政治改革』（市雄貫・星健一訳）．朝日新聞社．

外務省（２０１６）．『日本外交文書　占領期第一巻』．外務省．

勝岡寛次（１９８６）．日本人の「読み書き能力」調査について―占領軍の日本語政策の一環として―．「早稲田大学大学院文学研究科紀要別冊（哲学・史学編）」別冊第13集．

茅島篤編（２０１７）．『幻の日本語ローマ字化計画―ロバート・K・ホールと占領下の国字改革』．くろしお出版．

川島高峰（１９９５）．戦後世論調査事始―占領軍の情報政策と日本政府の調査機関―．「メディア史研究」第２号．ゆまに書房．

佐野眞一（1998）．『渋沢家三代』文芸春秋．

渋沢雅英（1966）．『父・渋沢敬三』実業之日本社．

島村史郎（2009）．『日本統計史群像』．日本統計協会．

末廣昭編（2006）．『岩波講座「帝国」日本の学知―地域研究としてのアジア』第6巻，岩波書店．

日本世論調査史編集委員会（1986）．『日本世論調査史資料』．日本世論調査協会．

パッシン，H．（1981）．「日本における統計学の発展」第23巻（聞き手：西平重喜・清水一郎）．昭和55，56，57年度文部省科学研究費総合（A）研究代表者西平重喜による速記録．

パッシン，H．（1983）．日本世論調査の発展（日本世論調査協会研究講演会記録）．日本世論調査協会報「よろん」第51巻．

パッシン，H．（2020）．『米陸軍日本語学校』（加瀬英明訳）．筑摩書房．

レイ，H．（1989）．CIE局長としてのダイクとニュージェント：行動様式と性格における比較（山本礼子訳）．「戦後教育史研究」第6号．

レイ，H．（1999）．ドナルド・R・ニュージェント（Donald R. Nugent）〈ハリー・レイ オーラル・ヒストリー〉（芝田興太郎・茅島篤訳）．「戦後教育史研究」第13号．

レイ，H．（2010）．J・C・ペルゼル（John C. Pelze l）〈ハリー・レイ オーラル・ヒストリー〉（勝岡寛次訳）．「戦後教育史研究」第24号．

レイ，H．（2015）．ハーバート・パッシン（Herbert Passin）〈ハリー・レイ オーラル・ヒストリー〉（佐藤寧訳）．「戦後教育史研究」第28号．

第 5 章

調査をめぐる
伝説と誤解、そして真実

世論調査の分野にも有名な話があります。有名な話はやがて伝説となり、途中で単純化・脱落・誇張などが生じて「都合のよい物語」に変化し、いつのまにか真実から遊離していくこともあります。ここでは、世論調査に関係して紹介すべき、重要な三大伝説を選びました。すなわち「日本人の読み書き能力調査」「米国大統領選挙の予測」「各社の内閣支持率の相違」です。

調査は日本語をローマ字化から救ったか

先にも少し紹介しましたが、「日本人の読み書き能力調査」(1948年)をご存じだったでしょうか。統計数理研究所の林知己夫が標本設計を担当し、戦後の世論調査の基礎に強い影響を与えた標本調査です。

そして「この調査のおかげで日本語が守られた」との伝説があります。調査に携わった当事者とその周辺が伝える説はこうです。

GHQは漢字全廃・ローマ字化を計画した。理由は「漢字が障害となり大多数の日本人は読み書きができず、民主化の推進に支障がある」から。ところが科学的な標本調査「日本人の読み書き能力調査」(リテラシー調査)を実施して実態を確認した結果、日本人の識字率は98％で、米国よりも高い事実が判明し、ＧＨＱは計画を断念した――。

この伝説は因果が逆です。この調査の計画以前に、漢字全廃・ローマ字化政策は見送られました。この調査は政策決定の是非を判断するために実施したのではありません。この調査を高く評価する日本人関係者によって、尾ひれをつけながら、伝わった説でした。

さらに、一部の解説では「さすがに米国人はえらい。証拠に基づく科学的な発想をする。漢字全廃・ローマ字化という大事業を、支配者として日本人に強制する前に、科学的に調査してから決めようとした。立派なものだ」と。

これも違います。ＧＨＱの推進論者は既定方針として、どんどん進めようとしていました。ローマ字化に向けた国内組織もできていたし、工程表も作成してありました。きわめつけは文部省に対して、教科書をすべてローマ字で印刷せよという指示まで出しました。この教育改革は科学的にではなく、政治的に断行されようとしていました。そして、科学的にではなく、政治的に阻止されたのです。

マッカーサーが合衆国に要請した教育使節団は46年3月に来日して報告書を完成させます。しかし「国語改革」（漢字全廃・ローマ字化）は実行されませんでした。国語改革は教育使節団報告書に盛り込まれますが、使節団の内部には意見対立がありました。発表されるまでに、実は複数の報告書が作成されていたのです。結果的には、私たちの知っている教育使節団報告書だけが公表されましたが、教育使節団の関係者がのちに内情を証言しています。

同年4月7日の報告書公表のマッカーサー声明では「高い理想の文書」と自賛しながらも、国語改革について特に言及し「今後の計画に関する指針」に過ぎないと明言します。公表と同時に否定。この矛盾は、声明の中に留保を入れることで対立を決着させ、報告書はそのまま公表したと考えると納得できます。

漢字全廃・ローマ字化計画を葬り去った人物は、国務省のゴードン・T・ボウルズ東洋課長です。1904年東京に生まれ17歳で帰国、後に東京大学教授の経歴もある人類学者です。前章にも登場した、漢字全廃・ローマ字化を企画立案し、実現に向けての急先鋒だったロバート・K・ホールは、およそ30年後の81年に苦々しく回想します。

ボウルズは統合参謀本部（総司令部の上部）に対して「これは間違っている。決して、日本の偉大な文化遺産を傷つけるようなことは、決して、してはならない。彼らの哲学・宗教・芸術は、文字とは切っても切れない関係にある」と言い放った、ということです。

日米双方にローマ字論者と反対者がいました。国語改革が見送りとなった要因は複合的と理解するほうが無難ですが、ホールが提案者でありローマ字化推進の急先鋒であったことは間違いありません。教育使節団を使いながらローマ字化の実現に意欲を燃やします。使節団員のリストもホールが原案を作成し、使節団の来日中のプログラムを準備し、団員の対応をしたのもホールでした。文部省にローマ字で教科書を印刷せよと、越権行為に出たのもホールです。文字通りの急進派でした。

ホールの猛進は、さすがに思い通りにはいきませんでした。使節団のリストを勝手に、自分の原案に戻したのですが、マッカーサーにそれが見つかり、注意されています。ローマ字による教科書印刷の事件に関しては、ＣＩＥの上層部に話が伝わると、驚いたＣＩＥは即日撤回しました。

ＣＩＥ局長のケネス・Ｒ・ダイクは就任当初に「教育改革で大見出しが欲しい」とスタッフに意見を求め、ホールの提案「漢字全廃・ローマ字化」を大喜びで採用しました。教育使節団の報告書は、来日してから書き始めたのではなく、来日前の会合の段階から準備が進んでいたのですが、そこでホールの報告が下敷きになっています。

その中心人物であるホールが、なぜ自分の提案が阻止されたかと考えたときに、どうしても突破できない決定的な存在がボウルズでした。

もちろん、反対派はほかにも存在しました。最終的にはマッカーサーの判断で決まるわけですが、強引にローマ字化をすべきだとは考えていなかったようです。「漢字全廃・ローマ字化」という、CIEからの提案は受け入れましたが、あとは専門家の意見を聞き入れ、最後は否定的になったようにみえます。それは声明に出ています。教育使節団の人選でも、ホールの原案を差し替えています。マッカーサーは専門家の意見を聞く耳は持っていました。「これは無理だな」と感じたのでしょう。リテラシー調査を指示して、その結果で判断した形跡はありません。

教育使節団が帰国したあとも、ボウルズは2カ月ほど日本に残り、46年5月のCIE特別会議に特別顧問として出席します。この2時間半の会議は「国語改革」が「言語簡略化」に政策転換した歴史的瞬間でした。ここで政策転換は決まったといえます。「日本人の読み書き能力調査」が政策の意思決定のために実施され、調査結果を証拠として政策変更の判断をしたものではないことは、明白です。

マッカーサーはじめ首脳陣の意向を察知したCIE局長のダイクは、会議の冒頭から手のひらを返して国語改革の抑制・縮小にかかります。そもそもホールの提案を採用したのはダイクですが、深い考えがあって提案したものではありませんから、変心には後ろめたさもありません。一方、自分の信念から激しく食い下がるホールは、会議が進むにつれて次第に孤立します。

会議の終盤になると、ボウルズは「ポツダム宣言の条項のもとで正当化できないものをわれわれが日本に強制するという立場にたつことは許されないでしょう」と発言。ダイクは会議の結論として「この計画を指令によって実施することは、政策上の理由から避けたい」とまとめます。これで決着です。残った妥協案は「言語簡略化」でした。

輿論から世論へ――当用漢字の制定による意外な影響

言語簡略化のほうは当用漢字（46年11月）の制定に落ち着きます。これは世論調査にも影響がありました。「輿論」という文字が使えなくなり、どうするか、さまざまな検討が大急ぎでなされました。しかし公的な検討会議で決めたということではなく、12月から朝日と毎日が歩調を合わせて「世論」を使用することを申し合わせたのです。やがて他社も追随し、既成事実化が進みます。これにより「世論」という表記が現在のように定着します。

輿論も世論も中国語の輸入です。パブリック・オピニオンの訳語としてはどちらも妥当ですが、すでに日本語として輿論を使用していたので、世論が「せろん」と読めることが不都合でした。現在でも「せろん」と読む人がいても、咎《とが》めることは難しいと思います。漢字の読み方テストでも、不正解にするほどの根拠があるともいえません。時間をかけて世論を「よろん」とも読む習慣が定着しました。

ホールの日本語理解は非常に高くて説明も合理的ですが、やはり「外部」性とでもいうべき違和感をぬぐえません。英語を母国語とする言語学者の説明は、「外部から」構造的な説明をしたものとしては納得できますが、日本語を母国語とする日本人にとっては、長い歴史的背景もあるし、微妙な、身体に染みついたような表現もあります。そういう理解がホールにはないのです。どこか大切な何かが説明されていない、という感覚が残ります。明示的に述べるのは難しいのですが。

古事記の時代に太安万侶《おおのやすまろ》がローマ字を使っていれば、日本はそういう文化を形成したでしょうが、歴史的事実として漢字を使ったのです。しかも中国語としてではなく、日本語として。

ホールには失うものはありません。歴史や人生と関係ないのです。ホールはつい先日まではローマ字論者でさえありませんでした。カタカナ論者だったのです。検閲の仕事を担当していたのですが、すべてカタカナにすれば自分たちの検閲が容易になる、というのが理由でした。カタカナからローマ字に主張を変えた理由は、それほど本質的に考察した結果とも思えません。検閲を担当できる米国人を増やせるという程度です。

一方、ボウルズにとっては、日本語は人生そのものでした。17歳まで日本で育ったという意味は、人格も思想も感性も日本で形成したということです。ほとんど日本人に代わって「漢字全廃・ローマ字化」に対峙したということになります。そのボウルズが急進するホールの前に厳然と立ちはだかり、全身で阻止します。ホールの表現では、ボウルズに「潰された」(killed)のです。とうてい「科学的な調査・証拠に準拠した政策決定の結果」ではありませんでした。

ニュージェントがペルゼルに命じたリテラシー調査は、ホールの主張の一部を反証する目的がありましたが、政策的には結論が出たあとのことです。すでにホールも解任されて、CIEにはいません。ペルゼルも意欲を失っていたので、ついにリテラシー調査の英文報告書を仕上げませんでした。

「読み書き能力調査」の「美談」と「誤解」は続く

「日本人の読み書き能力調査」については戦後のマスコミ世論調査、選挙予測に指導的役割を果たした林が、標本設計の中心にいたこともあり、調査関係者の間には、ほかにも多くの伝説があります。

内閣府の政府広報室に出向していた佐藤寧は、保存されている戦後初期の資料や先行研究を調べて、以下のような伝説を否定しました。

①「戦後最初の」無作為抽出した確率標本による標本調査だという説が広まっているが、これ以前にも、無作為抽出による複数の標本調査が実施されている。戦後最初の無作為抽出による標本調査がどれであるかを決定することは困難としても、少なくとも「日本人の読み書き能力調査」が戦後最初ではない。

林が実施した標本設計が優れており、その後の政府やマスコミの世論調査に強い影響力を与えたことは事実です。当時における最高水準でした。その傑出が伝説を追加したのではないかと思われます。

②調査結果からは、日本人の識字率が「非常に高い」としかいえない。報告書を作成するにあたり、ペルゼルは調査プロジェクトのメンバーであった国立国語研究所の柴田武を、自分の宿舎としていた新橋の第一ホテルの部屋に呼んで「ローマ字化を進めるように結論を書けないか」と持ちかけた。柴田は「調査結果に合わない結論は書けない」と突っぱねた。こ

れは柴田による説を根拠にしている。たいへん興味深い美談として、朝日新聞の記事やＮＨＫの番組でもとり上げられた。しかし、勝岡寛次がこの件について直接ペルゼルに手紙を書き、事実関係の照会をした結果、ペルゼルは「言った覚えはないし、そんなことをしたとは信じられない」と否定している。

柴田とペルゼルの言い分は、食い違っていますが、周辺の状況証拠を重ねると、柴田の誤解と考えられます。

米大統領選挙――存在しない調査の伝説

世論調査に多少とも関係したことのある人なら知っている有名な歴史的事件があります。世論調査・社会調査のテキストにも書かれているし、学生にはもってこいの教育的逸話です。それは米大統領選挙における以下のような物語です。

１９３６年の米大統領選でルーズベルトが当選。リテラリー・ダイジェストは２００万人以上の大規模な調査結果から予測に失敗し、ギャラップはわずか３０００人調査で予測に成功して名声を高めた。原因は、ダイジェストの標本が富裕層に偏り、ギャラップは有権者（母集団）をよく代表する標本だったから。この事件は、偏りのある大量観察よりも、

図表5-1　1936年米大統領選の各社予測

	ルーズベルト	ランドン
実際の得票率（%）	60.2	39.8
リテラリー・ダイジェスト	42.6	57.4
ギャラップ	54	46
フォーチュン	74	26
クロスレー	52	48
バルチモア・サン	64	36
ファーム・ジャーナル	43	57
グラスルーツ	39.5	60.5

（出所）小山栄三（1946）『輿論調査概要』時事通信社（名称を一部省略）

3000人程度でも代表性のある標本のほうが優れているという教訓を与えている――。

この伝説は、あまりにも有名になったせいか、単純化され、思い込みで改変され、それが伝搬した事例です。

このような立派な調査であれば、ギャラップの3000人調査がどのような設計だったのか詳しく知りたくなりますが、その調査は「存在しない」のです。ギャラップ調査が割当法の3000人調査だとするテキストが多いですが、1500人や2000人と書いてあるテキストもあります。標本サイズという基本的な仕様なのに、なんという曖昧さ！

これはジョージ・ギャラップが手の込んだ演出をしたことも影響しています。ダイジェストの選挙予測調査が8月から始まる前、ギャラップは7月に新聞社にプレス・リリース原稿（コラム）を送付します。

そのコラムをワシントン・ポスト（7月12日）とニューヨーク・タイムズ（7月19日）が独自取材も加えて記事にしました。内容は「ダイジェストがいま調査したら、ルーズベルトが44％、ランドンが56％くらいになる」というものでした。ルーズベルトが勝利する選挙ですが、ダイジェストの予測失敗を予言したものです。そして実際にダイジェストの予測数値が出ると、ギャラップの予言は1ポイントの差異で的中したのです。

この結果は衝撃的でした。ギャラップが小規模標本で大統領を的中させたことではありません。「ダイジェストが、このような数値を出して予測に失敗する」という予言が実現したことに、みなが驚いたのです。「あなたがこれからやる調査は、このままだとこういう数値になって失敗しますよ」という「予測を予測した」二重性、しかも単なる失敗予測だけではなく、間違える数値まで予測した「二重性」こそが、ギャラップを神に見せる重層的な舞台装置でした。ルーズベルトの当選を的中させた機関は何社もあったのに、ギャラップの名声だけが記憶に残った背景です。

発足間もない調査会社の社運を賭けた勝負

ギャラップはダイジェストの失敗を予測するのに3000人調査を実施しています。これをギャラップが実施した選挙予測調査だと混同し、思い込みとなり、さまざまなテキストに書かれて出版され続け、日本で広く伝搬した可能性があります。

ギャラップはこの3000人を「ダイジェストの調査票を受け取った人の同じ名簿から」選んで「同じ調査票を郵送しただけ」と説明しますが、これは実に不可解です。

なぜギャラップは競合会社であるダイジェストが持つ名簿を入手できたのか。リテラリー・ダイジェストは隔週刊の高級雑誌です。販売促進用として、およそ40年にわたって2000万人まで蓄積した、ダイジェストの大切な営業資産の名簿です。8月22日号で調査を始めることを誌上で告知したダイジェストの調査対象者を、7月の段階でどうやって識別したのか。当時の作業環境で（PCなんてありません）迅速に1000万人から3000人を単純無作為抽出できるのか。ダイジェストの回収率（約20%）以下の返送ではないか。ダイジェストと同じ調査票が、当時は無名の会社であるギャラップから届き、しかも早期に返送してくれる集団の協力率はさらに低かったのではないか。郵送法なのに端数もなく

3000人になるだろうか……。

これらの疑問にも強引に説明する余地はありますが、調査概要としては説明不足です。ギャラップはこの調査に限らず、確率論・統計学などを持ち出して自社の「科学性」を強調しますが、実際にやっていた標本抽出法は割当法でした。

ギャラップの声高な主張は理論的に破綻しています。創業翌年のギャラップにとって大統領選挙は名をあげる最高の舞台です。そこで予測の最大の権威だったダイジェストを倒せば注目されます。ギャラップも必死で宣伝に熱心だったのです。

選挙予測調査をやったことのある人なら同意すると思いますが、投票日の1週間前に発表した予測でも100%の自信はありません。私は30年くらい選挙予測をやりましたが、どの選挙でも開票まで心配でした。何が起きるかわかりません。ギャラップは自信満々で「外れるおそれはなかった」と胸を張りますが、接戦の選挙だったため内心は微妙だったでしょう。勝てば官軍。歴史は勝者によって作られる。倒産したダイジェストに口なしです。

ギャラップは社運を賭けて勝負に出たのです。そして成功しましたが、第4章で紹介したように、1948年の大統領選では失敗しました。ギャラップの誇った割当法が敗因だと統計学者に指摘され、理論的に優れている確率標本が推奨されました。

ギャラップの選挙予測調査の標本サイズは30万人前後でした。投票日までに11回は調査しました。それぞれ2・5万～4万人調査という情報からの推定ですが、ギャラップは正確な数字を示しません。割当法なので計画標本と回収率という概念がないためです。当時の東京朝日新聞は少なくとも3回は大統領選の情勢報道をしており、10月26日と11月3日の記事では、ギャラップの標本サイズが27・5万人だと伝えています。先に紹介した小山栄三は戦後最初に出版した世論調査のテキストで、30万人以下と書いています。

米国の大統領選挙制度を考えると、どうしても州別に調査データが必要になりますから、選挙予測調査を計画するつもりで仕様を考えると、全米で3000人は過少だとわかります。ワシントンを含む51の選挙区（州）で平均58人の調査ということになるので、調査の専門家であれば疑問を持ちます。日本の参院選が45選挙区ですが、各選挙区で500～1000人を調査して数万人という規模です。ギャラップ調査が約30万人であったとすれば、各州で5000人くらいは調査したということになり、理論的にも実践的にも適切な仕様です。日本とは異なり国土も広大です。3割程度は面接調査を実施したので、このような大規模調査を同時一斉に実施するのは難しいということと、接戦の程度や選挙期間中の変化に応じて調査するので11回に分けたのでしょう。

当時の新聞にも戦後最初の世論調査テキストにも3000人とは書いてありません。いつどこで、間違えたのでしょうか。

「模擬投票」の時代から「科学的調査」の時代へ

ダイジェストの調査仕様はギャラップより明確です。1936年8月22日号で調査開始を宣言し、調査方法、調査対象者、調査票、調査作業場の写真を掲載しています。調査対象者は「1000万人」としているだけで、正確な発送数はないですが、名簿の由来を解説しています。これは現在の日本のWEB調査モニターの構築方法と似た側面があります。可能な手段を動員して多数の登録者を集めるのです。

調査対象者とした名簿の内訳は選挙人登録者名簿、電話帳、都市の住所録（当時は居住者の住所録が発行されていました）などの公開情報や、各種団体の会員名簿、通信販売などの商取引過程で得た非公開名簿です。

選挙人登録者名簿は現在でも容易に入手できる州があります。日本と異なり過去の投票先が記載されている州もあります。このオープンな心性は日本では考えられません。前回の投票先を閲覧して、陣営は選挙活動するそうです。日本でも投票結果の閲覧は禁止されていませんし、個人情報保護法のなかった過去には、調査で回答したデータとの一致度（ウソ回答割合）を確認するために閲覧したという論文もありました。そのため、私も1998年の参院選後の追跡調査で、予測失敗の原因を調べようと思い、選挙管理委員会に対して投票先を確認するための閲覧をお願いしたことがありました。断られて閲覧できませんでした。日本では選挙のない時期に選挙人名簿を閲覧することも制約があります。マスコミの世論調査の標本抽出では利用できます。

ちなみに、選挙予測に関する日米の相違としては、選挙人登録のあり方も大きいのではないかと思われます。日本では住民基本台帳から作成するのですが、基準年齢に達すれば自動的に登録され選挙権が得られます。米国では選挙権は得られても、選挙人となるためには、自身で登録する必要があります。つまり能動的であり意思表明するわけです。このことは選挙予測調査と関係があります。主体的に選挙人に登録する人は、選挙や調査にも一定の関心があるでしょう。日本のように関心がなくても無意識に選挙人になる状況とは違いがありそうです。

ダイジェスト誌は9回にわたる連載で最終的に237万6523票を集計しましたが、発送数（計画標本サイズ）がないので、回収率を計算できません。回収率という概念もなかったのです。ただしダイジェストの9回の連載データは興味深い情報を含んでいます。9回の推移を折れ線グラフで描くと一目瞭然なのですが、回収が進むにつれルーズベルトの支持率が単調上昇し、逆にランドンが単調減少しているのです。つまり、富裕層の多いデータですが、ルーズベルトに「勢い」があることを示唆していたのです。

調査票には、前回の大統領選の投票先の質問があり、この集計結果も掲載されています。たとえば全米では、ルーズベルトに投票すると回答した97万2897人のうち73・4％が、前回（32年）もルーズベルトに投票したと回答。ランドンは129万3669人のうち71・1％が、前回も共和党候補（フーバー）に投票したと回答しました。これが州別にもわかります。また、全体の「勢い」がわかったように、同じ観点で州別にも両候補の「勢い」の違いが得られます。

この「スイッチ情報」を使えば、ルーズベルト当選を予測できたのに、データに「手を加えない」というダイジェストの方針が予測を失敗させたとギャラップは指摘しました。掲載されている州別のクロス集計表は、いろいろと興味深い情報を示しています。さらに4年前の大統領選における同様のデータが残っているでしょうから、スイッチの傾向、「勢い」の状況を比較することができます。同じ傾向と、違う現象とが見えてくるでしょう。

ギャラップは「手を加えない」ダイジェストを批判しています。というのも、ギャラップは加工に関する専門家だったといえるのです。割当法という標本抽出では固有技術的な知識が必要です。職人のワザであり、その意味では高度であるとさえいえます。素人がやった「調合」では質の高いデータの獲得が困難です。そこが「誰でもできる」客観的な手順を守るだけの確率抽出法と違う点です。

ギャラップは選挙予測を始める前に、多くの市場調査を手掛けており、その知見から割当法で使うべき有効な属性について知っていました。市場調査の知見から消費者の動きも把握しており、それが有権者の変化の推察に役立ち、自信となっていました。

しかしギャラップ自身は「手を加えた」当選モデルを提示していません。ダイジェストが予測に失敗する予測はしましたが、ダイジェストのデータから正しい当選者の予測はしていません。ギャラップが独自に実施した調査データを集計しただけです。ダイジェストのデータをどのように加工すれば予測できるのか――。これもギャラップだけが知っている手品のように神秘化しておくことで、本業の市場調査のビジネスに役に立ちます。

ダイジェストの調査は「偏りのあるビッグデータ」だといえます。現在のビッグデータと同様に、実験や調査のような管理がされずに収集され、その代わり大規模だという特徴があります。このようなビッグデータから、選挙予測を成功させるのはデータサイエンティストの仕事でしょう。ダイジェストのデータは、母集団からの偏りを含む、代表性のない品質の悪い大規模データの典型のように解説されてきました。しかし、24年から32年の3回の大統領選までは、いつも予測を的中させてきたデータと変わりありません。法律家、医者、建築家、工業技師、クラブ員、実業家、商人など「低収入者層を除いた」2000万人に対する調査でした。

なぜダイジェストのデータは今回だけ予測に失敗したのか。どう集計すれば予測できたのか。ダイジェストのデータは現在の日本のインターネット調査データとも似ています。日本ではインターネット調査モニターとして協力してくれる人々を大量に募集して登録しておくのです。自主的に応募した協力者なのでボランティア・パネルとも呼ばれます。ダイジェストのように2000万人もいませんが、数百万人はいます。ダイジェストのデータも、代表性はないけれど230万人もの自発的に返送された大規模データです。日本でもインターネットで選挙予測はできるという人々がいます。データサイエンティストの腕の見せ所として、ダイジェストのデータを使ってルーズベルト当選を予測してみせる問題は、「データを処理し、そこから価値を取り出す」のによい教材かもしれません。

ダイジェストは選挙後に予測失敗の分析記事を掲載しました。そして2年後の38年に終刊します。大統領選における予測失敗も、終刊を決めた遠因かもしれません。いずれにせよ、ここに「模擬投票の時代」が終わり、一応「科学的」な標本調査法による世論調査の時代が始まりました。日本より10年先行していたことになります。

内閣支持率がメディアによって違う理由

マスコミ各社の世論調査は有権者を母集団として、ほぼ同じ方法で毎月実施されています。新内閣発足とか政治的大事件があると緊急世論調査を実施しますが、その際、調査が同じ日に実施され、同じ日に報道されることがあります。

しかし内閣支持率のような同じ調査項目にもかかわらず、各社の数値が異なります。これは「統計学的な標本誤差」という理論的に避けられない差異なのでしょうか。よく観察すると、各社の違いはランダムには発生していません。ある傾向をもっているので、標本誤差ではないような気がします。

たとえば朝日の内閣支持率は、ほぼ安定して日経や読売よりも低くなります。これには有識者や調査法を専門とする学者も気がついていて、次のように解説していました。

マスコミの世論調査は電話で実施しているが、最初に電話口で協力を依頼する際に、社名を名乗って趣旨を伝える。回答者は新聞社名を聞いて、朝日が嫌いな人は朝日の調査に協力しない、日経が嫌いな人は日経の調査に協力しない、という現象が起きる。回収率はせいぜい50%だが、そのような理由から協力しないのである。このため各社に協力的な人々の意見が結果に反映する。政権に批判的かそうでないか、回答する集団は、新聞社の論調に対応する格好になっているので、朝日の内閣支持率は低く、日経の支持率は高く出るのだ——。

この説明は広く定着しました。著名な専門家が自信をもって語っていました。説明内容も実にしっくりと腹落ちします。私もある時期までそうかと思っていました。しかし、こんな原因を考えるのは「相当なプロ」だけです。一般の有権者は、いちいち新聞の論調と自身の思想を照らして対応するものでしょうか。また、この説は実証的研究の結果ではありません。誰かが「そうなんじゃないか」と想像して、それがとても納得的だったので、多くの支持を得ただけです。こういう話が拡大していくと、マスコミが世論を操作しているという根拠なき噂話にまで発展します。

「重ね聞き」をすると内閣支持率は上昇する

この仮説を実証するには、因果関係を科学的に確認すべきです。そんな実験は実際にはできません。しかし、その実験に近いことが起きました。

福田康夫首相は2008年7月30日に内閣改造を突然表明します。各社はただちに緊急世論調査を実施しました。結果は一斉に報道されたのですが、各紙の内閣支持率が大きく異なりました。

支持率と見出しも、朝日24％「横ばい」、読売41％「好転」で反対のニュアンス。各紙の一面記事が横に並ぶと目立ちます。「これは何だ」と強い印象を与えました。朝日と読売の差は17ポイントで、電話調査では過去最大級の乖離です。計算するまでもなく標本誤差をはるかに超えており、世論調査の信頼性を揺るがすと、各方面から批判的追及がありました。

そこで各社は異例の情報交換をしたのです。ふだんは表面化しない部分も含めてどこが違うのか比較したところ、緊急調査のために調査会場を変えたなど、普段と違うことがいくつかありましたが、最終的に「運用方法の相違」が最大の原因だと判明しました。

日経の場合は、内閣支持を質問して「わかりません」と述べた人々には「お気持ちに近いのはどちらですか」と一度だけ重ねて質問します（プロローグをご覧ください）。読売もほぼ同様。朝日と毎日は、何も言わず次の質問に移ります。日経のように重ねて質問すると、ある安定した幅で支持率が増え、「わからない」が減ります。

ほかにも違いはありましたが、影響力の分解と定量化は困難です。たとえば質問文です。「改造」したことを説明するか否か。日経・読売・共同は説明し、朝日と毎日は定例調査と同じ質問文でした。「改造」を伝えると支持率が高まるようです。御祝儀的な反応でしょう。調査時点では改造したこと知らない人もいます。図表５－２に各社の支持率と質問文をまとめました。

これ以降、日経は世論調査結果を掲載するＷＥＢサイトで、第一段目の内閣支持率も掲載することにしました。これ以前は、調査の運用方法は同じですが、データとしては二段階に分けて記録していませんでした。

この「事件」のあとの各社一斉の世論調査は麻生太郎内閣発足直後の２００８年９月調査です。日経の第一段階の支持率が45％で最低でした。朝日48％、毎日45％であり、日経と大きくは変わりません。公表している第二段階までの支持率は53％なので「重ね聞き」の影響は８ポイントでした。

図表5-2　福田改造内閣発足後の世論調査：各社の内閣支持率と質問文

福田改造内閣 2008年8月	調査日	回答数	支持	不支持	他	前回比	質問文
朝日	1,2	1,002	24	55	21	0	福田内閣を支持しますか。支持しませんか。
毎日	1,2	921	25	52	23	3	福田内閣を支持しますか （3つの選択肢を読み上げる）
読売	1,2	1,006	41	47	12	15	福田首相は、内閣を改造しました。あなたは、この福田改造内閣を、支持しますか、支持しませんか。
共同	1,2	1,025	32	48	20	5	福田康夫首相は内閣を改造しました。あなたは、この福田内閣を支持しますか、支持しませんか。
日経	2,3	856	38	49	13	12	あなたは改造後の福田内閣を支持しますか、しませんか

（出所）各紙の調査報道紙面から著者作成

麻生内閣から政権交代を果たした鳩山由紀夫内閣で重ね聞きの影響を確認すると、平均6ポイントです。日経は政党支持も重ね聞きをしますが、やはり平均6ポイント増加しています。この傾向は安定しています。ただし内閣によって、時代によって、調査手法の変更によって影響の大きさと方向性は変わる可能性があります。

調査実施のマニュアルはしっかり守られている

なお、重ね聞きの是非は決められません。日経・読売はこれが質問の自然な流れだと考えた結果ですし、朝日・毎日は「調査員は質問文にないことは言わない」という一般原則に従っていることになります。

お互いに各社の運用の仕方の細部は知らずに独自に決めていた結果ですが、各社が相談して同じ運用にする必要はないでしょう。重要なのは各社の中では同じ運用を守ることです。そうしないと意見分布が変化したのか、運用方法が変化した結果なのかを分離できなくなります。各社で支持率の絶対値が異なっていても相関が高く（トレンドは同じに）なっているのは、このような各社の日常的な努力の反映です。

各社とも特別な意図を持っていたわけではありませんが、結果としては運用方法が「第三の変数」となりました。社名が「原因変数」で支持率が「結果変数」ですが、この原因と結果の相関は、「第三の変数」である運用方法が共通に影響した疑似相関でした。これは外部からは見えないので、「新聞社に対する好き嫌いが、調査結果に反映する」という、もっともらしい憶測が生まれたのです。

以上は電話調査の一例ですが、調査員による訪問面接調査の場合も同様です。むしろ、電話調査よりも大きな乖離が生じます。調査で必要となる調査員の人数は電話調査の場合の数倍以上になり、かつ全国に分散しています。電話調査はひとつの会場で、統一的に調査員研修を実施できますが、訪問面接調査では全国各地に分散します。調査の管理も電話調査よりも難しくなります。

研修内容を統一し、すべての調査員が同じマニュアルで調査を実施するように、全国各地の管理者に指示しますが、面接をする際の決まり事や、調査中に発生するケース別の処置方法などのルールは電話調査よりも多くあり、各社で細部のやり方も異なります。細部とはいえ、その方式が一斉に適用されることの調査結果への反映は小さくありません。

時事の内閣支持率が、他社よりも低いことが知られています。これは安定した傾向です。長期政権の小泉内閣で、時事と読売を比較しましょう。両社とも毎月定例で、面接法による調査員調査を実施していたので、比較が容易だという理由です。

小泉政権における世論調査で、時事の内閣支持率が読売を上回ったことが一度もないのです。平均では時事が9ポイント低い。最大では21ポイントもの差がついた月もありました。読売を比較対象にしましたが、朝日・毎日の訪問面接調査でも同様の傾向で、ほとんどすべての同月調査で、時事の内閣支持率のほうが低いのです。

しかし重要な知見を忘れないでください。時事と読売の内閣支持率を折れ線グラフで同時に描いてみると、絶対値の開きは大きいのですが、上昇や下降の変化の傾向は同じです。トレンドは同じなのです。

調査手法は時事も読売も「訪問面接法」で同じであるにもかかわらず、調査結果の絶対値は違う。その要因は今ここでは不明ですが、時系列の傾向は同じです。これは何を意味するかというと、各社の調査実施マニュアルが安定的に守られているということです。ある社が「内閣支持率の低下が始まった」と報道している時期に、別の社では「内閣支持率が上昇に転じた」というような事態は発生しないということです。

各社の内閣支持率を比較する場合に、数値の大小の違いがあることは自明であり、そのことを騒ぎ立てて、マスコミの世論調査は信頼できないとか、意図的に操作しているなどと喧伝したところで、素人丸出しであって非生産的です。むしろ差異の安定性や、傾向の同一性に注目すべきだということです。

〈主要文献〉

Converse, J. M. (1987). *Survey Research in the United States: Roots and Emergence 1890−1960*. University of California Press.

Gallup, G. H. and Rae, S. F. (1940). *The pulse of democracy: the public-opinion poll and how it works*. New York: Simon and Schuster

Gallup, G. H. (1944). *A GUIDE TO PUBLIC OPINION POLLS*. Princeton University Press.

Gallup, G. H. (1972). *Sophisticated Poll Watcher's Guide*. Princeton Opinion Press.

茅島篤編（２０１７）．『幻の日本語ローマ字化計画―ロバート・K・ホールと占領下の国字改革』．くろしお出版．

ギャラップ，G．H．（１９４１）．『米国の輿論診断』（大江専一訳）．高山書院．

ギャラップ，G．H．（１９７６）．『ギャラップの世論調査入門』（二木宏二訳）．みき書房．

小山栄三（１９４６）．『輿論調査概要』．時事通信社．

佐藤寧（２０１４）．終戦直後に実施された世論調査の再検証（平成25年度第1回研究会，調査研究会報告）．日本世論調査協会報「よろん」１１４巻．日本世論調査協会．

杉野勇（２００５）．１９３６年大統領選予測の実際―Literary Digest と Gallup 再訪―．「相関社会科学」第15号．東京大学大学院総合文化研究科国際社会科学専攻．

鈴木督久（２００９）．世論調査の最近の動向．「社会と調査」第3号．社会調査協会．

文部省（１９４６）．「米國教育使節團報告書―聯合國軍最高指令官に提出されたる―附　本報告に關するマッカーサー元帥の聲明」文部時報第八百三十四號．

読み書き能力調査委員会（１９５１）．『日本人の読み書き能力』．東京大学出版部．

第 6 章

世論調査の未来

電話調査への転換

これまでの世論調査を振り返り、これからの世論調査について考えます。2025年で敗戦から80年ですが、戦後の世論調査は有権者の確率標本に対して、1948年には調査員による訪問面接調査を始めます。40年後の87年から日経が電話調査を開始。つまり戦後80年の前半は面接調査、後半40年は電話調査が現在進行中です。

ぼくは時々、世界中の電話という電話は、みんな母親という女性たちのお膝の上なんかにのっているのじゃないかと思うことがある。特に女友達にかける時なんかがそうで、どういうわけか、必ず、「ママ」が出てくるのだ。（庄司薫『赤頭巾ちゃん気をつけて』）

1969年の芥川賞作品の書き出しに電話が登場します。今の若者がSNSによるコミュニケーションを主体にしているように、当時は電話が新しいツールとして次第に一般化し、80年代のピークに向かって普及していきます。衆院選で女性投票率が男性を上回ったのも69年からです。戦後生まれが成人したのです。産経は69年に首都圏と近畿圏に限定して電話でパネル調査を実施。現在のマスコミ世論調査とは異なり、その時点でニュースになった政策に対する評価などを、頻繁に質問して報道するものでした。77年で終了しますが、都市部では電話調査が可能になったことを示した挑戦でした。

中曽根康弘首相は86年7月に衆参同日選を断行します。これに対応するため、日経は全国電話調査を選択し、選挙予測を成功させました。この結果を受けて、翌87年9月から電話による定例世論調査を開始しました。はじめは、調査対象者数を1万人として四半期に1回のペースで調査を実施。93年6月から隔月に実施間隔を短縮すると同時に、調査対象者数を3000人に減らして実施することに。2005年7月からは月次で1000人調査を実施する体制へと変遷しながら今に至ります。

一部の学者からは「日経は十分な検討もしないで電話調査に安易に移行した」と批判されましたが、そんなことはありません。いろいろ研究した結果なのですが、それを論文の形にして発表しないだけです。マスコミ世論調査の仕事は報道であり、研究は準備過程です。

日経の当初の標本抽出法は電話帳からの系統抽出でした。電話帳の何ページ目の、何行目というように等間隔で系統的に抽出する方法なので、系統抽出法と呼ばれます。いちばん最初の対象者だけは乱数で決めます。

他社も電話調査を検討していました。朝日は従来どおり、選挙人名簿から有権者を無作為抽出し、電話帳で番号を調べ、電話帳に掲載されていない世帯の住所には、ハガキを出して番号を教えてもらう段階を踏みました。このやり方ですと、電話調査の迅速性を十分には活かせませんが、従来の訪問面接法との連続性を考え、面接調査と同じ標本抽出法を維持したのです。標本抽出法を朝日が重視していたことがわかります。しかし、いずれにせよ電話帳の掲載率に大きく依存します。

1990年代になると電話帳掲載率の低下が年々進行します。特に若い世代が世帯を持つ段階で、電話を新しく契約しても電話帳には掲載しなくなり、電話帳は昔から掲載している世帯の割合が増えるという結果になっていきました。電話帳掲載率に関して、各種の証拠を総合すると、2000年時点では全国で7割、都市部では5割以下と推定されました。もはや枠母集団（電話帳掲載世帯）のカバレッジ誤差は無視できません。電話帳にない世帯も調査対象にできるRDD（ランダム・デジット・ダイヤリング）への移行は不可避でした。

各社は研究と実験を重ねたうえでRDDに移行しました。移行時期の早い順に毎日（97年）、朝日・共同（2001年）、日経（02年）、NHK（04年）、読売（08年）。調査員による訪問面接調査を継続している社は、時事だけになりました。

日経は01年から集中的にＲＤＤ法の研究を開始します。ＲＤＤにも複数の標本抽出法があります。が、最終的には「稼働局番フレームからの単純無作為抽出法」（稼働局番法）を採用しました。これは調査対象とする電話番号（母集団）をどのように定義するかに由来する方法の名称です。実際に標本を抽出する母集団を枠（フレーム）と呼びます。枠母集団あるいは標本抽出枠とも呼びます。電話調査の枠母集団としては、日経が最初に使った電話帳、朝日が初期に使った選挙人名簿など、どれも各社によって定義された枠母集団です。

ＲＤＤの枠母集団としては、大きく分類すると「稼働局番」と「リスト準拠」の二種類があります。前者は「すべての稼働している可能性のある番号」です。後者は電話帳などのリストの情報を使うのですが、単にリストそのものではありません。電話帳以外の情報を使ってもよいのですが、実際にリストに掲載されている番号を、上位何桁かの基準を決めて列挙するのです。こうすると世帯用に使われている割合の多い番号区画がわかります。この結果として「稼働局番」よりも効率的に対象者にアクセスできるのです。ただし、使われているのに枠母集団から漏れる番号があるという欠点を持ちます。

日経のＲＤＤ研究の主題は、効率と損失の解明でした。稼働局番法は、効率は悪いが誤差が小さい。リスト準拠法はその逆の性質があります。実験研究の結論として、日経は稼働局

番法を採用しました。理論的・実践的な指標が総合的に優れていたからです。当時の研究結果の一部を示すと、

① 電話帳非掲載者の構成割合は約3割を確保できた（全国平均）
② 30歳代の構成割合を国勢調査並みに改善できたが20歳代は改善できない
③ 一戸建と持家の割合が10ポイント低下したが国勢調査結果よりまだ高い
④ 稼働局番法の適格番号割合はリスト準拠法より低いが実用可能な水準

という確認ができました。

回収率は運用方法を工夫していくと次第に向上しました。RDDの回収率の定義は複数あるのですが、先行した他社と同じ定義で発表しました。以降でRDDの回収率の算出方法を実際例で説明します。

回収率はどうやって定めているか

電話番号を1万8000抽出し、使われていない電話番号を事前にチェックシステムによって除去すると6428残りました。これに電話した結果、事業所用など不適格番号が1624、話中音など対話できない番号が886でした。この886は会話用ではない可能能

性が高い番号です。この両方を除いて残った番号は「①３９１８」です。

３９１８件に電話した結果、世帯かどうか会話できずに切られた番号が１３７（残りは②３７８１）。世帯だと確認したが有権者がいるか確認できないで切られた番号が５７６（残りは③３２０５）でした。

さて回収率の計算です。「回答者数÷調査対象数」なのですが、分母とする調査対象数に何を定義するかで、複数の候補があります。最大の調査対象数となる定義は①３９１８です。次に②３７８１で、さらに③３２０５となります。この３種類の定義で、以下のように回収率が変わります。回答者数は２０１０です。

① ２０１０÷３９１８＝51％
② ２０１０÷３７８１＝53％
③ ２０１０÷３２０５＝63％

現在、日本のマスコミ世論調査では「有権者のいることを確認できた世帯」３２０５を分母とする63％を公表しています。つまり、もっとも高い回収率を示す定義を使っています。文章では混乱するので数値例を図表６―１にまとめました。

図表6-1　RDD電話調査の回収結果と回収率の定義

<table>
<tr><th colspan="2">抽出番号数
(18,000)</th><th>非使用番号除去後</th><th>6,428</th><th colspan="3">100%</th></tr>
<tr><td colspan="2">非適格</td><td>事業所，FAXなど</td><td>1,624</td><td colspan="3" rowspan="2"></td></tr>
<tr><td colspan="2">不対話</td><td>呼出・話中音，留守電</td><td>886</td></tr>
<tr><td colspan="2">不明</td><td>世帯か事業所か未確認</td><td>137</td><td colspan="2"></td><td rowspan="4">3,918</td></tr>
<tr><td rowspan="3">世帯</td><td>有権者がいるのか確認できない世帯</td><td rowspan="2">拒否</td><td>576</td><td></td><td rowspan="3">3,781</td></tr>
<tr><td rowspan="2">有権者のいることを確認できた世帯</td><td>1,195</td><td rowspan="2">3,205</td></tr>
<tr><td>回収</td><td>2,010</td></tr>
<tr><td colspan="3">調査期間：2003年7月31日～8月3日</td><td>回収率</td><td>63%</td><td>53%</td><td>51%</td></tr>
</table>

（出所）著者作成

携帯電話を調査対象にした理由

電話を中心とするコミュニケーション環境の変化は早く、電話帳の掲載率が低下したのでＲＤＤを導入したのですが、次は固定電話を契約せずに携帯電話しか持たない有権者が増加してきました。そのため、日経は２０１６年４月から携帯電話も調査対象に含めました。ちょうど有権者を18歳以上とする法改正にも合わせたタイミングです。

携帯電話を調査対象にしていないことから生じる問題は調査結果に顕著に出てきました。年代構成比が有権者全体の分

図表6-2　有権者（母集団）と調査（回答者）における20歳代の構成割合の推移

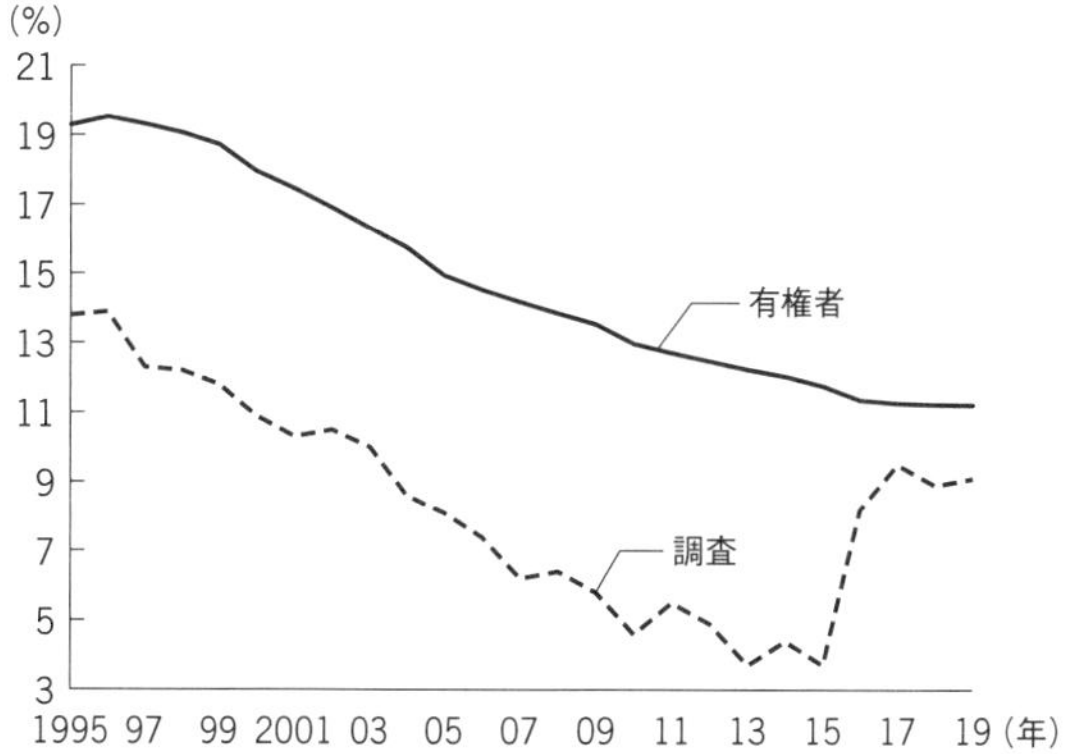

（出所）有権者数は国勢調査（e-stat）から著者が算出

布から乖離してきたのです。特に若者の回答が少ない問題が深刻でした。

有権者における20歳代の割合は１９９５年で20％弱でしたが、高齢化の進展で２０２０年では10％強に低下しています。一方の世論調査における構成割合はどうでしょうか。２０１３年に４％（有権者全体では12％）にまで低下し、母集団と大きく乖離しました。

原因と考えられる携帯電話を調査対象とする設計変更は不可避でした。２０１６年から携帯電話を含めると、なんとか若者の割合が許容水準に復活しました。やはり携帯電話の普及が背景にあったのです。この様子は図表６－２を見るとよくわかります。

固定電話と携帯電話の回答は、どちらが多いのでしょうか。２０２０年の年間平均では、固定電話と携帯電話の比は28：72です。現在は、携帯電話の回答割合が7割と多いですが、状況は時代とともに変化します。現状の有権者の生活スタイルにおいては、携帯電話しか使わない、あるいは固定電話があっても携帯電話を使うことが多いということでしょう。

人間が介在しない調査――オートコール法

世論調査は調査員が訪問して対面で質問する方法から始まり、電話での対話で質問する方法に変わりました。現在のコミュニケーション手段として、対面も対話もしない方法があります。ＩＶＲ（音声自動応答システム）を調査に適用するのです。一般に「オートコール法」と呼ばれています。

手順は、まず録音した音声を用意する、次にシステムが自動発信し相手が出ると調査の案内音声が流れる、そして回答はプッシュホンで番号を選択するというものです。これを目標の回答数を得るまで発信するのが基本です。応用としては、割当法の適用とＷＥＢ調査との併用があります。

主な特徴は以下の通りです。

① 調査への協力率が非常に低く1割に満たないとの報告もある
② したがって調査員による電話調査の数倍以上の電話番号を用意する必要がある
③ 調査員の人件費と調査会場費が抑制されるので調査を安く実施できる
④ 調査員の募集と教育研修が必要ないので調査を迅速に実施できる
⑤ 質問の読み上げが録音されているので同じ測定刺激で調査を実施できる
⑥ 電話を受けた対象者からの問合せに応じない（受付番号と担当者を用意しない）

オートコール法をＲＤＤと説明している例がありますが誤解です。電話番号を無作為に用意しているだけです。これはマスコミ世論調査のＲＤＤの説明の中に「電話番号をランダムに発生させる方法」と記述している事例があるために、電話番号をランダムに作る方法をＲＤＤと呼ぶと思い込んだ結果です。

オートコールはランダムに発生させた番号に電話して回答を得るのですが、確率標本ではありません。ＲＤＤは計画標本に対して調査を依頼し、拒否されても趣旨説明して依頼し、回収率を計算します。オートコールには計画標本という概念がありません。したがって回収率もありません。発信した件数、つながった件数、回答された件数などの記録は残ります。

オートコールに協力した回答集団は、有権者を母集団とした場合は偏りも大きいので、年代分布を考慮した割当法を適用する場合があります。もちろん割当法は確率標本を抽出する方法ではありません。

オートコールは2000年以降には選挙予測調査などに使われていました。公表はされていませんが、自民党が選挙調査に活用しているとの報道もありました。公職選挙法の逐条解説などから、オートコールの結果を報道すると「人気投票の公表の禁止」にあたる可能性も指摘されていますが、判断は出ていないようです。

市場調査や選挙調査など、有権者を代表していなくても結果を有効に利用できる調査分野は多数あります。オートコールを利用した調査は工夫次第で有効な手段となる余地がありま す。日経リサーチは新型コロナウイルス感染が拡大した2020年3月にオートコールによる調査を実施。「世論観測」と呼んで結果を発表しました。世論調査の定義によりますが、現在のオートコール法は世論調査とは呼べないという判断を示したものです。

電話調査で協力を得られにくい理由のひとつに「振り込め詐欺」への警戒感があります。知らない人からの電話を信じるのは危険なので、世論調査の電話を拒否する人も多数います。オートコールは安心だという宣伝がありますが、もしそうなら詐欺師はオートコールを使った詐欺ストーリーを開発するでしょう。詐欺犯罪にはそういう性質があります。人間が介在しないことの安心感と引き換えに、臨機応変の対応ができないことがオートコールの欠点ですが、人工知能によって自然な会話ができるという宣伝もあります。これはもう少し先ではないかと思われます。

新型コロナウイルス感染拡大は、社会生活に非接触を要請しているようです。世論調査もその影響を受けます。どこまでロボットで代替されるか、今のところ断定できません。社会全体のコミュニケーションのあり方や社会制度とも関係するので、その時代と社会に適した手法が取捨選択されていくでしょう。

調査・統計不正事件

世論調査に関連した不正事件は２０００年以降、少なくとも3件が顕在化しました。05年の日本銀行、18年の厚生労働省、20年のフジテレビ・産経新聞です。それらに共通する問題を考えるために、まず3事件の概要を振り返ります。

①日銀は２００５年８月５日、「生活意識に関するアンケート調査」（第23回）において委託先の調査会社で不正があり、７月５日に公表した調査結果を訂正すると発表した。不正は

調査員によるもので、計画標本として無作為抽出された調査対象者（全国の20歳以上の個人）ではない人に回答させていた。日銀はすべての回収標本を再検査して、適切であることが確認できた回答者だけで再集計した結果を発表。計画標本4000人に対して7月公表の回答者数2997人は2010人に減り、回収率は74・9％から50・3％に低下した。調査結果への影響は、選択肢に対する回答割合で1ポイント前後、景況観ＤＩはマイナス14・3からマイナス14・9に0・6ポイント変わった。結果への影響は小さいが、回収率は著しく低下した。日銀は有識者による検討委員会を立ち上げ10～11月に問題点を議論し、調査員調査から郵送調査に手法を変更した。

②統計委員会は18年12月、厚労省の基幹統計調査である「毎月勤労統計調査」（毎勤）における不正を発見した。東京都の常用雇用者500人以上の事業所の抽出率を1分の1（全数調査）から3分の1に変更したが、調査計画変更の総務大臣承認を受けずに04年1月調査から実施。しかも変更に対応した母集団推計をしていなかったことも判明した。単なる事務手続きのミスに終わらなかった。雇用保険や労災保険などが564億円の過少給付となっており、その影響範囲は約2000万人。さらに追加給付に必要なプログラム修正などの事務費に約200億円が必要として、修正予算を閣議決定する事態に発展した。マスコミ報道も

過熱し、政府への批判と公的統計全体への不信が増幅した。厚労省は特別監査委員会を設置して事実・背景・原因を追及したが、各方面から委員会の第三者性の欠如が批判される。統計委員会は再発防止に向けた対策を作成して全府省に適用することにした。

③フジ・産経は20年6月、両社合同の世論調査において不正があったと公表した。委託先の調査機関Aが再委託した調査機関Bの管理者の手によって架空データが作られた。19年5月から20年5月までの14回の調査が対象で、フジ・産経はこれらの放送と記事を削除して世論調査を当面中止した。架空データは1万4636件中の1886件（12・9％）を占めた。フジ・産経の合同世論調査の標本設計はこれまでのWEBサイト掲載情報や、放送倫理・番組向上機構（BPO）の放送倫理検証委員会決定第40号（21年2月10日）によると、確率標本ではなく割当標本とみられる。1000人回収目標で、性別・年代別等の目標数を設定してあり、不正は回答データの性別・年齢など回答値の一部を書き換えて複写する方法だった。調査機関Bは「オペレーターの確保が難しく調査期間内に業務を完了するため」に不正を実行した。フジ・産経は調査専門家らの意見聴取も経て不正防止策を策定。架空データを除去した集計結果は公表しない方針を表明し、21年1月から世論調査を再開した。

なぜ不正は起こったのか

不正事件が提起している問題は多岐にわたりますが、共通する背景は「回収率の低下」です。日銀の調査は訪問面接法でしたが、調査員が努力しても調査対象者の協力を得られません。そこで回答してくれる知人などに依頼。あるいは白紙の調査票に調査員が記入する「メイキング」の可能性もあります。実は、メイキングの場合は調査会社で調査票を受け入れた段階で発見することが比較的容易なのですが、友人などが実際に回答した調査票は即時の不正発見が困難です。いずれにせよ、不正を働いた原因は調査に協力しない社会の実態もあります。

調査主体が実施機関に渡す仕様書には「目標回収率」が明記され、実現を迫ります。受託者の実施機関は「現状の社会環境では、実態として70％の回収はもはや不可能だ」と反論できない立場にあります。前年は実現できているので「できない」根拠を示せないのです。担当者も前例踏襲。それが続くと仕様書と実態の乖離が拡大します。そこに不正が生まれる構造ができたのです。調査主体と受託者の双方に問題があります。

事件後、日銀調査は不正をした調査機関とは別の委託先に変更して実施されました。その

図表6-3　調査員調査における回収率の低下傾向

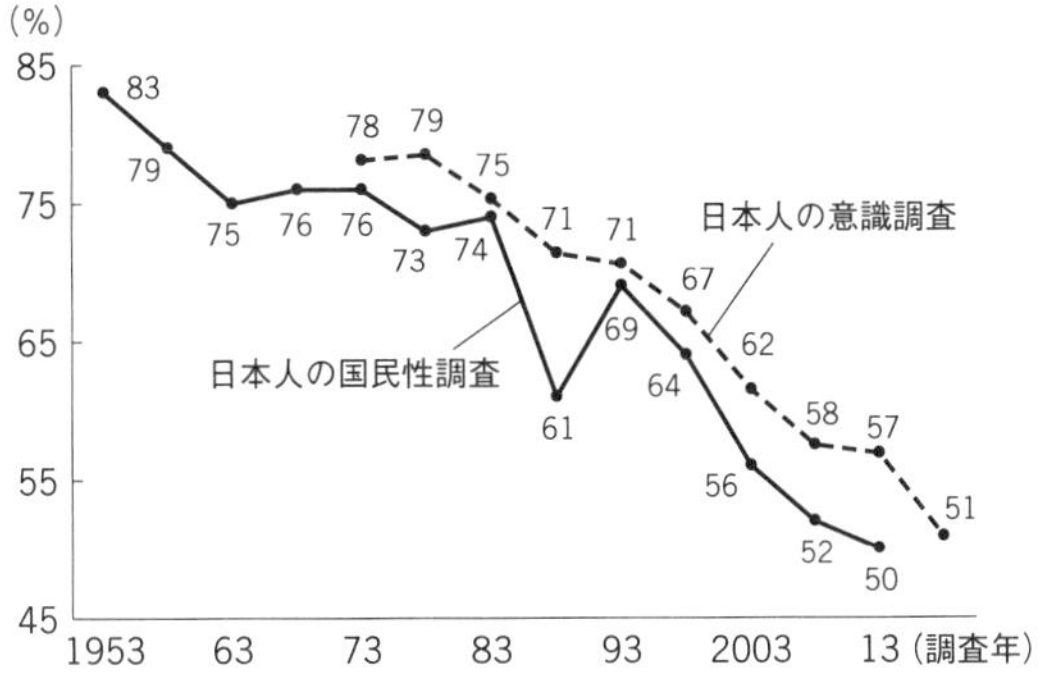

(出所) NHK「日本人の意識調査」、統計数理研究所「日本人の国民性調査」

結果、回収率は急に50%台に下がりました。日銀のほかにも複数の政府世論調査で回収率が不自然に急落しました。これは何を意味しているのでしょうか。

5年周期で長期継続的に実施してきた社会調査として統計数理研究所「日本人の国民性調査」と、NHK「日本人の意識調査」があります。いずれも日銀と同じ訪問面接法です。統数研は03年、NHKは08年に50%台にまで低下します。低下の様子は図表6－3でよくわかります。このように徐々に低下するのが自然ではないでしょうか。同じ調査方法と資源を投入しているのに、社会のほうが徐々に着実に非協力的な方向に変化したのです。

調査に協力する20歳代は特殊な人たち？

社会調査や世論調査は、あくまでも調査対象者の協力を得て成立します。法的強制力はありませんから、社会の構成員の集団的な自由意識を反映します。

毎月勤労統計調査（毎勤）は公的統計調査の中でも、統計法によって報告義務を課せられた基幹統計調査です。回収率も１００％が目標。しかし報告義務があっても協力を得るのはやはり困難です。

毎勤の不正発覚は18年ですが、発生は04年であり、日銀の不正事件と同時期です。個人情報保護法が03年に成立し、05年に施行されます。住民基本台帳の閲覧を制限する法律も06年に成立するという時代でした。法規制が直接の原因ではありませんが、法制化が必要になった社会における心理的作用は影響します。それが調査にとっては、協力拒否という現象として反映します。

公的統計も例外ではありません。事業所を調査対象とする毎勤においても事情は同じです。何度もお願いする。協力を得られない。事業所の多い東京都は困難も大きいでしょう。東京都の抽出率を３分の１に減らした背景には、回収業務の負担が年々拡大している実態がありました。東京都が3分の1に減らしてほしいと要請した記録はないですが、現場の「声」はあったでしょう。特別監察委員会報告書が指摘するように不正の発端はここです。このあとは手続きや標本設計法・推計法など制度的・理論的問題ですが、本質的問題は社会の実態です。

フジ・産経の世論調査は日銀と不正の構造が似ていますが、調査員ではなく管理者がやったということ、データを操作したという点に質的相違があります。日銀は不正データを除いた集計結果を発表しました。しかし、フジ・産経は公表しない方針を決めたことで、不正分を除去したデータの集計結果は、日銀のような小さな差異ではなく、既報結果と著しく違っているのではないかという「無用な疑念」を残しました。

割当法は性別・年代別の分布が母集団と同じになるので、一見すると有権者をよく代表しているような姿になります。しかしそれは代表性の十分条件ではありません。

また、割当法で1000人回収目標の世論調査で、20歳代を100人回収するには、60歳代を150人回収するのに使う資源の数倍が必要です。20歳代についてはアクセス効率と協力率が低いからです。

なかなか協力してくれない20歳代のうち、協力してくれる集団は、一般的な20歳代と比べると偏りがあります。保守的な若者しか協力していないかもしれません。

割当標本は確率標本とは違った難しさがあるのです。とにかく目標数を達成しなければならない。真剣に努力しても調査期間内に回答を集められない。現場担当者やオペレーターを叱咤すれば済む問題ではない。追い詰められる。だから架空データで埋めた。調査主体も調査実施機関も、双方が実態認識を共有していれば、なんらかの手段に到達して解決できたのかもしれません。

調査への非協力社会

戦後一貫している明確な変化は、日本社会が調査に協力しなくなった実態です。代表的な社会調査「社会階層と社会移動全国調査」（ＳＳＭ調査）の回収率は１９５５年には82％でしたが、２０１５年には50％まで低下しました。

代表的な世論調査である内閣府「国民生活に関する世論調査」は１９４８年97％から２０１９年55％に低下。朝日や読売の訪問面接法による世論調査の回収率が50％台に落ち込むのも、ほぼ２００５年以降でした。日経の電話世論調査は２０２０年平均で46％です。

現在は約半数しか協力してくれない時代です。いずれ回答者よりも非回答者の割合が多くなるでしょう。これまでのように、回答標本を分析するだけでなく、回答されなかった標本を分析しなければ判断できない時代に入っていきます。

「回答しない人」の見解が反映されない誤差

世論調査・社会調査・市場調査に共通するのは、回答を強制しないという指針です。それぞれの調査団体には次のような綱領等があります。

公益財団法人日本世論調査協会「3．調査は、調査対象者の協力で成り立つことを自覚し、対象者の立場を尊重する。」

一般社団法人社会調査協会「第3条　調査対象者の協力は、自由意志によるものでなければならない。会員は、調査対象者に協力を求める際、この点について誤解を招くようなことがあってはならない。」

一般社団法人日本マーケティング・リサーチ協会「第12条（自由意思の尊重）リサーチプロジェクトへの協力は、調査対象者の自由意思によるものである。調査対象者にリサーチプロジェクトへの参加と協力を求めるにあたっては、十分かつ誤解を招かないよう、リサーチャーは、リサーチプロジェクトの概要（調査主体、調査の目的、調査方法、個人情報の利用目的等）について誠実に説明しなければならない。」

一方、政府の実施する統計調査は統計法に準拠しており、基幹統計調査には回答する義務が課せられています。第13条（報告義務）は「行政機関の長は、第九条第一項の承認に基づいて基幹統計調査を行う場合には、基幹統計の作成のために必要な事項について、個人又は法人その他の団体に対し報告を求めることができる。」「2　前項の規定により報告を求められた個人又は法人その他の団体は、これを拒み、又は虚偽の報告をしてはならない。」と規定しています。違反者には「五十万円以下の罰金に処する。」（第61条）という罰則も定められています。

最大規模の基幹統計調査である国勢調査（２０２０年）の回答率（参考値）は、10月20日時点で81％（分母は前回調査の世帯数）。報告義務のある基幹統計調査であっても限界があります。しかし米国より高い回答率です。法的義務のある統計調査でさえ8割。自由意思に依存する社会調査では5割。マスコミ世論調査はさらに低い、というのが現状です。

回収率が低下すると誤差が増大します。回答群と拒否群の意見分布が同じなら問題ありません。しかしその仮定は不自然な場合が多いでしょう。

たとえば回収率50％の世論調査で、ある政策に賛成した回答者が70％でした。しかし反対や無関心の（賛成ではない）人々は回答しない傾向が強く、賛成は20％だと仮定します。調査全体では45％と半数以下の賛成割合なのに、70％を前提として意思決定するリスクが生じるのです。第1章で指摘した史上最高の内閣支持率の問題も同じです。

調査の終焉

世論調査は有権者の協力によって成り立つので、人々が協力しなくなれば世論調査は終焉を迎えます。日本の世論調査は西欧、特に米国の「自由と民主主義」のシステムの中で誕生しました。中国にも世論調査（民意測験）があるのですが、日本の内容とは違います。

日本では調査を拒否する自由も許容します。民主的な手続きを踏んでいるので、冗長で時間もかかります。調査に協力するのは面倒だと人々が感じる側面もありますが、強制力はないので、ひたすらお願いします。

はじめは調査員と対象者が対面して質問する方法で、当時はこれが丁寧な対応だと評価もされ協力を得られました。やがて知らない調査員を家に入れることに拒否感が生まれるような社会環境になり、生活スタイルも多様化して昼間の接触が難しくなりました。

次に電話による世論調査に移行しましたが、調査員による対面はなくなりましたが、オペレーターとの対話によって質問するというコミュニケーション方法です。導入初期には「電話で済ませるとは失礼で手抜きだ」という批判があったのですが、電話のほうが協力しやすいという感性を持つ人々も増加していました。世代による多様性があり、すべての人々に当てはまる唯一の最良の手法はありません。携帯電話が普及したことで、電話世論調査は固定電話だけでなく携帯電話も対象に加えましたが、これにより在宅していなければ調査できないという制約がなくなりました。調査方法は社会のコミュニケーション方法に依存します。対面から非対面となり、さらに対話から非対話へと変遷しつつあるようです。

２０２０年に新型コロナウイルスの感染拡大が始まり、大きな影響と変化を世界に与えています。影響が長期化すれば社会も変わるでしょう。調査方法への影響も避けられません。まだ見通しを立てるのは困難ですが、非接触型のコミュニケーションに向かう可能性はありそうです。つまり伝統的な調査員調査はほとんどなくなりそうです。郵送調査や電話調査、ＷＥＢ調査が重要になるでしょう。

デジタル化が進むのは間違いないでしょう。デジタル庁の政策にも左右されますが、マイナンバーが「デジタル住民基本台帳」として利用できれば、有権者の単純無作為抽出が、完全に正確に可能です。これに加えて有権者のアドレスに対して、安全なアクセス手段と制度を確立すれば、世論調査はＷＥＢ調査で実施できます。

それはいつ実現するでしょうか。マイナンバーが普及したデジタル化社会では、すべての有権者は住居を持つようにデバイスを持ち、地理的空間の住所に郵便を出すように、サイバー空間のアドレス（ナンバー）にメールできます。

このような社会が実現しているとすれば、マイナンバーがなければ公共サービスが受けられないし、口座開設もできない。選挙ではオンライン投票をしているでしょう。便利ですが、個人情報保護を重視する社会とは対立する面もあるでしょう。多くの法改正が必要になり、日本では簡単には、あるいは早急には実現が難しそうです。

世紀単位の長期的視点で歴史を振り返れば、世論調査の時代は特殊な世紀になっているかもしれません。その時代では有権者の自由意思によって参加することで世論調査が成立する社会でした。参加しなければ消えてなくなる。民主主義や世論調査にはそのような性質があります。

時間のかかる手順と自由意思を前提としてマスコミ世論調査を継続していますが、このまま回収率が低下すれば自然に消滅します。その命運は有権者の手中にあります。

〈主要文献〉

Frey, J. H. (1989). *Survey Research by Telephone.* (2nd ed.). Sage Publications.

Groves, R. M., Biemer, P. P., Lyberg, L. E., Massey, J. T., Nicholas, W. L., and Wakesberg, J. (Eds.). (1988). *Telephone Survey Methodology.* John Wiley & Sons.

Lavrakas, P. J. (1993). *Telephone Survey Methods Sampling, Selection and Supervision* (Second edition). Sage Publications.

公的統計に関する臨時委員会（２０１９）．『公的統計に関する臨時委員会報告書（第一部・第二部）』．日本統計学会．

島田喜郎（２００４）．ＲＤＤサンプリング手法の比較研究．よろん，93．

島田喜郎（２００４）．ＲＤＤサンプリングの理論と実践．マーケティング・リサーチャー，97．

島田喜郎（２００５）．ＲＤＤサンプリングにおける稼働局番法の再評価．行動計量学，62．

鈴木督久・佐藤寧（２０１２）．『アンケート調査の計画・分析入門』．日科技連出版社．

日本世論調査協会会員有志（２０１５）．「携帯電話ＲＤＤ実験調査結果のまとめ」．携帯ＲＤＤ研究会．

放送倫理憲章委員会（２０２１）．「フジテレビ「架空データが含まれた一連の世論調査報道」に関する意見」（放送倫理検証委員会決定第40号）．放送倫理・番組向上機構〔ＢＰＯ〕．

毎月勤労統計調査等に関する特別監察委員会（２０１９）．「毎月勤労統計調査を巡る不適切な取扱いに係る事実関係とその評価等に関する報告書」．

毎月勤労統計調査等に関する特別監察委員会（２０１９）．「毎月勤労統計調査を巡る不適切な取扱いに係る事実関係とその評価等に関する追加報告書」．

おわりに

本書のきっかけは、日経リサーチの創立50周年で世論調査に関する社史を書いたことです。書いているうちに「あれもこれも書き残しておこう」と思い、気がついたら予定の頁数を超えていました。

そこで、日経に限定せずに日本の世論調査を対象として、書籍化を企画したのが本書です。出版を勧めてくださった福本敏彦社長と橘高聡取締役に感謝いたします。また日本経済新聞社政治部に出向していた時期に文字通りお世話になった芹川洋一論説フェローと丸谷浩史ニュース・エディター、吉野直也政策・報道ユニットグループ長（政治・外交担当）にお礼申し上げます。

日経BP日本経済新聞出版本部の野澤靖宏氏からは「一般向けの易しい内容にしましょう」という企画を提案していただき、出版できるように運んでくださいました。小見出しの工夫や読者に配慮した表現など、行き届いた編集に感謝いたします。とはいえ、調査専門家の書いた内容なので、どこまで狙いを実現できたか自信はありません。

明星大学戦後教育史研究センターの勝岡寛次氏には文献の教示を頂きました。ＣＩＥが教育と世論調査の両方を担当する組織だったので、戦後教育史研究の成果が参考になりました。深謝いたします。また、明治大学の川島高峰氏の研究からも示唆を得ました。日経リサーチの佐藤寧世論調査室長には、戦後初期の資料やオートコール調査について情報を頂きました。他社の世論調査データは、容易に利用できたものに限定しました。

読みやすいように引用や注を省きましたが、多くの先行研究を参考にしています。図表もできるだけ収録せずに、本文だけで理解できるように心がけました。ただ、研究書ではないとはいえ、引用と解釈の区別さえしない記述も多くなってしまいました。これでは本書を批判的に検討する際に不便なので、ＷＥＢサイトで補いたいと思います。追加の文献・図表を含めて末尾に私のサイトのＵＲＬを掲載しておきます。

世論調査に関する書籍は多いのですが、調査の立場で書いた本はあまり見かけません。本書は世論調査を実施してデータを作っている者が書いた本です。抑制したつもりですが技術的な話もあります。いわば舞台裏ですが、世論調査の実際を知る契機となれば幸いです。

また日経は戦後世論調査史で、電話調査を最初に始めてしまった報道機関です。戦後80年間の前半は調査員による訪問面接法で実施していました。後半は電話調査に転換したのですがその解説書は皆無です。不十分ながら本書で責任の一部を果たす動機がありました。戦後の世論調査を確立し、戦後社会を復興させた第一世代からみると、電話調査などに手を染めて「何ということをしてくれたのだ」という批判的な気持ちがあったようです。この先輩諸氏に対する遅すぎた返事でもあります。

世論調査の歴史について少し書きました。GHQの各部署の議事録や私信なども残っており、当時の登場人物の個性や顔つきまで浮かんできました。日米ともに興味深い人物がいます。

渋沢敬三と世論調査の関係は有名ではありません。戦中・戦後の日銀総裁・蔵相の立場ではなく、学問の経路から世論調査と結びつくのですが、占領下で魅力的な活動をしています。当時は公職追放、豪邸を物納（財産税）、妻は子どもを残して家出、「にこにこしながら没落」しているときで、やっていたのは畑仕事だけかと思いきや、人と会い、結びつけ、事をなしています。むしろ解放感に満ちて生きていたという印象さえあります。

よくわからない人物もいます。初代の輿論調査課長となった塚原俊郎元労相。世論調査に関与した頃を書いた文書が少ないせいです。政治部時代に塚原俊平労相と接点があったのに、ご存命中に父上について聞いておけばよかったと後悔しました。

ＧＨＱではなんといってもニュージェントＣＩＥ局長です。周囲の証言はあらゆる表現で悪評ばかり。それは見事です。ニュージェントはいつも部下を叱っていました。そのときは突然であり、真っ赤な顔になって激高しました。ニュージェントの頭髪は赤毛だったので、それこそ真っ赤っかになったそうです。皆からは綽名《あだな》で呼ばれていました。日本でいえば「赤鬼さん」のニュアンスです。マッカーサーに不備を指摘されるのを警戒して、部下が提出した報告書の余白に、メモをたっぷり書き込みました。その内容が問題で、課長の中には部下のメンタルに配慮して、当人に戻さず机にしまったとの証言もあります。

本書の趣旨から逸脱して歴史を調べつくしたい誘惑を退け、中途半端に終わらせたのが残念です。

統計学やデータ解析については書きませんでしたが、世論調査や選挙予測と深く関係しています。データサイエンス分野の書籍は多いので、本書の不足を補っていただければ幸いです。

「世論」とは何か、というテーマについても書きませんでした。やはり世論「調査」の立場に寄っています。重要なテーマなのですが、世論調査の方法によって測定された結果、という程度の定義をしておきます。この議論ができる根拠は、適切に測定された世論調査があるということです。どうしてもその基礎にこだわってしまいます。世論調査にはメーカーとユーザーがいます。願いとしてはユーザーでありたいのですが、メーカーの責任を果たすべき立場だと考えました。

米国の大統領選挙の最近の予測報道、特にトランプ元大統領の当選と落選に関しても書きませんでした。多くの論評が出ているから、というのは言い訳で、選挙予測の専門家として説明するために必要なデータを手元に持っていないからです。米国の調査環境は日本よりも劣悪で悲惨です。これが日本の近未来とならないように願うばかりです。

２０２１年８月

鈴木督久

〈追加文献・図表等〉

http://www.suzuki-tokuhisa.com/poll/

鈴木督久 すずき・とくひさ

日経リサーチ シニアエグゼクティブフェロー。1982年早大卒。日経リサーチにて、日経電話世論調査、選挙予測システムを開発。1990年に日本経済新聞社に出向し、政治部記者（2年間）。2005年取締役を経て2020年より現職。日本世論調査協会、社会調査協会、統計質保証推進協会の役員。東大、筑波大、早大で調査・統計・データ解析の非常勤講師（1996～2015年）。論文・著書多数。

日経プレミアシリーズ｜459

世論調査《よろんちょうさ》の真実《しんじつ》

二〇二一年九月八日　一刷

著者　鈴木督久

発行者　白石 賢

発行　日経BP
日本経済新聞出版本部

発売　日経BPマーケティング
〒一〇五―八三〇八
東京都港区虎ノ門四―三―一二

装幀　ベターデイズ

組版　マーリンクレイン

印刷・製本　凸版印刷株式会社

ISBN 978-4-532-26459-8　Printed in Japan

日経プレミアシリーズ390

平成政権史

芹川洋一

すべては1989年からはじまった。自民単独政権の終焉、バブル崩壊、湾岸戦争、人口減少、ネット経済の勃興……。いまにつらなる平成30年間の激動のなか、日本の政治は何をしてきたのか。長く取材を続けるジャーナリストが、当時執筆した記事も織り込み紡ぐ、全10編の政権物語。

日経プレミアシリーズ438

地形と日本人

金田章裕

私たちは、自然の地形を生かし、改変しながら暮らしてきた。近年頻発する自然災害は、単に地球温暖化や異常気象だけでは説明できない。防災・減災の観点からも、日本人の土地とのつき合い方に学ぶ必要がある。歴史地理学者が、知られざるエピソードとともに紹介する、大災害時代の教養書。

日経プレミアシリーズ446

給与クライシス

平康慶浩

「毎日まじめに働いていれば少しずつでも給与が上がる」。コロナショックによる社会変化によりそんな古い仕組みが過去のものになりつつある今、会社員はどのように生涯のキャリアを考えるべきか？ジョブ型とメンバーシップ型の給与体系の違い、テレワーク時代に評価されるスキル、転職先の選び方や学びなおしのヒントまで、人事のプロが解説する。

日経プレミアシリーズ 447

文系・理系対談 日本のタコ壺社会

相原博昭・奥原正明

このままで日本は本当に大丈夫なのか、必要な改革がなかなか進まない原因はどこにあるのか、我々が皆、自身の属する閉鎖的な組織（タコ壺）にどっぷりつかり、内輪のルールや「空気」に従うのが当然だと思っていることに原因があるのではないか——。文系・理系の無意味な「区別」への疑問を端緒に、タテ割りを排し、既得権に切り込み、現状を打開するための方策を考える対談集。

日経プレミアシリーズ 450

新型コロナとワクチン 知らないと不都合な真実

峰 宗太郎・山中浩之

ワイドショーやネットには理解不足や誤解に基づく様々な新型コロナの情報があふれている。「知らないと不都合な」ウイルス、ワクチンの知識に絞り、ウイルス免疫学の専門家と素人の対話を通して、自分の頭で考える手がかりを提供する。新型コロナを冷静に、淡々と迎え撃とう。

日経プレミアシリーズ 451

残念な介護 楽になる介護

井戸美枝

介護でよくある失敗をストーリー形式で紹介し、周囲と協力しながら介護を楽にする解決策を明らかに。在宅介護を可能にするさまざまなサービス、費用負担を軽減するノウハウ、介護離職を防ぐ休業制度、困ったときの相談先など、便利な公的制度やサービスの活用方法を具体的に解説します。

日経プレミアシリーズ 462

読書をする子は○○がすごい

榎本博明

テストの問題文が理解できない子どもたち。意思疎通がうまくできずに、増える暴力事件。ディスカッション型の学習をしても、発言する内容はお寒いばかり……。読書の効用は語彙力や読解力にとどまらない。子どもが豊かな人生を送るために、いま親としてできることとは何かを説く。

日経プレミアシリーズ 460

コロナ倒産の真相

帝国データバンク情報部

アパレルの名門「レナウン」、小田原かまぼこの名店「丸う田代」、川湯温泉のホテル運営「自然塾」など、コロナ禍での23の破たんの舞台裏に迫る。資金繰りの判断ミス、無謀な投資、不正会計、横領など、信用調査マンが裏側を明かす。

日経プレミアシリーズ 463

あなたが投資で儲からない理由

大江英樹

「長期投資ならリスクは小さくなる」「リスクの大きいものはリターンも大きい」「積立投資は最強の投資方法」「株価に一喜一憂してはいけない」「初心者はまず投資信託から」——これらはすべて勘違い？　お金に関する情報があふれる時代、自分なりの判断軸を持たず振り回されていると、いつかくる暴落にただ泣くことにも。「自分の頭で考える」ための投資の考え方の基本を紹介する。

日経プレミアシリーズ 458

賢い子はスマホで何をしているのか

石戸奈々子

「子どもにスマホは絶対ダメ」、その価値観のままで本当にいいのだろうか？　デジタルを「学び」にうまく取り入れれば、未来の社会でAIに負けないような、思考力・創造力をはぐくむこともできる――デジタル教育の普及につとめてきた著者が、未来の教育を踏まえ、子どもとデバイスの適切な距離から、創造力を伸ばすツール、家庭でのデジタル教育の取り入れ方までを紹介する。

日経プレミアシリーズ 466

日本酒テイスティング カップ酒の逆襲編

北原康行

ラベルに記載されるたった2つの情報で、風味はざっくり把握できる――いまや驚くほどのバリエーションを取りそろえるようになったカップ酒に始まり、スパークリング、生酛・山廃、アル添酒、熟成酒まで、「4合瓶２０００円未満」のおすすめ銘柄を、唎酒世界一に輝いたソムリエがテイスティング。おすすめの飲み方、料理との合わせ方まで紹介します。家飲み時代の必携書！

日経プレミアシリーズ 465

イギリス解体の危機 プレグジットが開けたパンドラの箱

中島裕介

英国は将来にわたって今の国のかたちを維持できるのか。プレグジットは「パンドラの箱」を開けてしまった。独立運動が再燃するスコットランド、国境問題がくすぶる北アイルランド――。ジョンソン政権の外交政策「グローバル・ブリテン」の裏側、現地の実相を、日経新聞欧州総局の記者が、生の声も交え探る。

日経プレミアシリーズ